KB052208

차이나 리포트

중국 정치·경제·사회·문화 전문가 12인의

차이나 리포트

초판 1쇄 펴낸날 2016년 12월 16일

지은이 | 김영진, 박경자, 박범홍, 서봉교, 송승엽, 유주열,
　　　　　윤규식, 이규형, 이동구, 이종환, 최춘흠, 한동훈

펴낸이 | 박명권
펴낸곳 | 도서출판 한숲

출판신고 | 2013년 11월 5일 제2014-000232호
주소 | 서울시 서초구 서초대로 62 2층
전화 | 02) 521-4626 **팩스** | 02) 521-4627
전자우편 | klam@chol.com
편집 | 남기준, 조한결 **디자인** | 윤주열 **출력·인쇄** | 한결그래픽스

ISBN 979-11-87511-06-9 03300

::책값은 뒤표지에 있습니다.
::파본은 바꾸어 드립니다.

::이 도서의 국립중앙도서관 출판도서목록(CIP)은 서지정보유통지원시스템 홈페이지(http://seoji.nl.go.kr)와
　국가자료공동목록시스템(http://www.nl.go.kr/kolisnet)에서 이용하실 수 있습니다(CIP제어번호: CIP2016030142).

중국 정치·경제·사회·문화 전문가 12인의

차이나 리포트

김영진, 박경자, 박범홍, 서봉교, 송승엽, 유주열,
윤규식, 이규형, 이동구, 이종환, 최춘흠, 한동훈
함께 지음

한숲

'신창타이新常態 시대'를 새롭게 선언한

중국의 정치, 경제, 사회, 문화 지형을 엿보다.

2000년대 초 베이징에서 태동한
차이나 리포트

　　2000년대 초 중국 베이징에서 활동하던 서울대학교 동문들의 모임이 있었다. 중국 대사관, 학계, 언론계, 기업에 종사하던 동문들이 한국음식점 '동원'에서 만나 타국에서의 회포를 풀며 우의를 다지고 정보를 교환했다. 그러던 주요 멤버들이 하나 둘 귀국을 한 후 서울에서 북경 서울대 모임이 새롭게 결속됐다. 친목 위주로 계속되던 모임이었는데, 한 출판사의 제안으로 '북경 서울대 모임' 멤버들을 필진으로 한 출판 기획이 시작되었다. 박범홍 선배와 필자가 주축이 되어 단체 카톡방인 '만리장성'을 중심으로 본격적인 단행본 기획이 추진되어 집필진을 모으고 독려하고 원고를 취합하니 12편의 원고로 구성된 『중국 정치·경제·사회·문화 전문가 12인의 차이나 리포트』(이하 '차이나 리포트')가 탄생됐다.

　　『차이나 리포트』는 정치·외교, 경제, 사회, 문화 부분으로 구성됐고, 총론에서 중국 문제를 총괄했다. 총론은 송승엽 전 광운대학교 초빙교수가, 정치·외교 분야는 이규형 전 중국 대사와 최춘흠 전 통일연구원 선임연구위원, 경제분야는 박범홍 전 주중 외환은행 북경지점장과 김영진 신구대학교 교수, 한동훈 가톨릭대학교 교수, 서봉교 동덕여자대학교 교수, 이동구 IT기업 대표, 사회 분야는 이종환 전 동아일보 북경특파원, 문화 분야는 유주열 한일협력위원회 사무총장, 박경자 전통경관보전연구원 원장, 윤규식 IT기업 대표가 집필했다.

한국과 중국은 동북아에서 오랜 역사를 갖고 있는 우방국가다. 근대 이전까지 다방면에 걸쳐서 많은 영향 관계에 있었고, 한국은 현대화에서 앞서 갔으나, 현재 중국은 미국과 더불어 세계 2대 초강대국이다.

중국 개방 이후 1990년대부터 현재까지 중국의 각 분야에서 활발하게 활동했던 전문가들이, 본서에서 각 분야별로 중국의 현대화 단계에서의 문제점을 다뤘다.

『차이나 리포트』 발간뿐만 아니라 북경 서울대 모임은 앞으로 한중 관계의 바람직한 발전을 위해서 계속 노력할 것을 다짐하고 있다.

본서의 출판에는 북경 서울대 모임 12인이 협조하여 전문 분야의 글을 집필해 주셨고, 또 어려운 출판 환경에서도 쾌히 출판을 해주신 도서출판 한숲의 박명권 발행인과 편집실 여러분의 도움이 컸다. 이 분들께 깊은 감사를 드린다.

2016년 12월 집필진을 대신하여

慶堂 박경자

차례

I. 총론

II. 중국의 정치·외교

III. 중국의 경제

Ⅳ. 중국의 사회

Ⅴ. 중국의 문화

I

총론

신창타이, 중국의 새 도전과 미래 전망 _ 송승엽

신창타이, 중국의 새 도전과 미래 전망

중국의 새로운 30년에 대한 비전

송승엽 전 주중 공사, 전 광운대학교 초빙교수

2013년 11월 8일 중국 관영 신화통신은 "지난 1978년 당 11기 3중 전회에서 덩샤오핑鄧小平 동지 주도로 개혁개방 노선을 채택한 이후 35년이 지났다. 이제 중국 개혁이 다시 출발할 때가 됐다"고 강조했다.

중국 공산당 역사를 보면 대략 30년을 주기로 큰 변혁을 맞이해 왔다. 당 창립 후 첫 30년(1921~1949)은 혁명과 건국을 위해 분투하던 투쟁의 시기, 두 번째 30년(1949~1978)은 마오쩌둥식 사회주의 이상을 실현코자 했으나 실패했던 시기, 세 번째 30년(1979~2012)은 덩샤오핑의 자본주의 시장 경제 원리 도입으로 국가 발전을 도모한 개혁개방 정책 추진 시기였다.

　　오늘날의 중국은 새로운 30년(2013~)의 시작에 해당된다. 지난 30년간 국가 경제 규모가 커지고 민감한 사회 문제들이 분출되면서 이를 해결하고 지속 발전을 도모하기 위해서는 보다 전면적이고 한 차원 더 높은 국가 발전 전략이 필요하게 된 것이다.

　　이러한 시대 상황 속에서 중국 제5세대 지도자로 선출된 시진핑習近平 당 총서기는 현 중국은 새로운 정상 상태, 즉 '신창타이新常態(New Normal)' 시대에 진입했다고 선포하였다. 그리고 30년 후 '중화민족의 위대한 부흥' 실현이라는 미래 비전을 제시하면서 국정 전반에 대한 전면적인 개혁을 추진하는 등 새로운 도전을 시작했다.

중국 개혁개방 성과와 문제점

　　1978년 12월 당시 중국 실권자 덩샤오핑은 자본주의 시장 경제 원리를 도입하여 생산력 증대를 도모한 개혁개방 정책을 채택, 적극 추진했다.

　　과정 중에 1989년 6·4 천안문 사태와 동구 사회주의 몰락 및 구 소련 해체 등 대내외적 위기 상황을 맞이하기도 했으나 이를 잘 극복하며 '천지개벽' 등으로 표현되는 커다란 성과를 이뤘다.

무엇보다 GDP면에서 세계 제2의 경제대국으로 부상했다. 1978년 개혁개방 당시 GDP 1,482억 달러에서 2013년 9조 1,800억 달러로 62배 증가했으며, 1인당 GDP도 1978년 230불로 세계 최빈국 수준에서 2013년 7,740불로 중진국 수준으로 상승했다. 교역 총액에 있어서도 2013년 4조 1,603억 달러로 세계 1위^(2위 미국 3조 8,839억 달러)가 되었으며, 외환 보유액은 2015년 5월말 기준 3조 7천만 달러로 세계 1위^(2위 일본의 1조 2,501만 달러)가 되었다

민간 차원에서도 부동산·주식·광산 및 IT산업 투자 등으로 많은 신흥 재벌이 탄생했다. 2015년 4월 20일 블룸버그가 집계한 세계 억만장자 명단에 따르면 세계 200대 부자 가운데 중국인이 마윈 15위, 왕첸린 19위, 마화텅 39위를 비롯 17명이 포함됐다.

눈부신 경제 발전에 수반하여 중국 사회주의 사회 조직 및 계층 구조는 물론, 국민들의 가치관과 일상 생활 패턴에도 자본주의 요소가 가미되며 커다란 변화를 가져왔다. 그러나 그 이면에는 전에 없던 민감한 문제들이 대량 출현하였다. 당·정 고위간부들의 부정부패 만연, 지역 계층간 빈부차 심화, 환경 파괴 심각, 국민들의 정치적 욕구 증가, 사회복지 제도 미약 등으로 국민들의 불만 정서가 높아지면서 커다란 사회 불안 요인이 되었다.

서방 국가들이 몇 백 년에 걸쳐 이룩한 성과를 30여 년만에 이룬 반면 서방 국가에서 몇 백 년에 걸쳐 나타났던 문제점들이 한

꺼번에 압축적으로 나타난 것이다

'신창타이' 시대 선언

2012년 11월 새롭게 출범한 시진핑 신 지도부는 2015년 3월 15일 폐막한 전국인민대표대회에서 현 중국 경제가 지금까지의 양적的 성장 중시에서 질적質的 성장을 중시하는 '신창타이' 시대에 진입했다고 선포하였다.

현 중국은 경제 증가 속도의 기어변속기變速期, 구조조정 진통기陣痛期, 전반기 충격요법 정책 소화기消化期의 새로운 상태로 들어섰다는 것이며, 그 특징으로 중·고속 성장, 구조 변화, 성장 동력 전환, 불확실성 증대 등을 열거하였다.

앞으로 중국 경제는 연 10% 내외 '고속 성장' 시대를 마감하고 연 7% 이하 '중·고속 성장'을 지향할 것이며, 경제 성장 동력도 노동력·자본 등 생산 요소 투입 확대에서 과학기술 혁신으로 전환하고, 경제 구조도 기존 제조업 중심에서 서비스업 중심, 투자 중심에서 소비 중심, 소득 격차 확대에서 축소 등으로 변화해 나가겠다는 것이다.

또한 오늘날의 세계 경제가 장기간 저성장과 높은 수준의 실업률을 유지한 가운데 각국간 자원·시장 및 자금 경쟁이 가열되고 있으며, 중국 내부적으로도 부동산 시장 침체, 지방정부 부채 확대, 금융시장 리스크 등 경제 시스템의 안정성을 위협하는 불확실성 요인들이 상당기간 지속될 가능성이 있다고 분석했다.

이러한 신창타이 시대 선언은 중국이 지금까지의 초고속 성장 시대가 끝났음을 공식 인정하고, 앞으로 중·고속 성장을 유지하면서 구조 개혁을 통해 체질 개선을 이루어내겠다는 강한 의지를 나타낸 것이다.

'4개 전면' 지도 이념과 추진 정책

중국 정부는 2015년 3월 15일 전국인민대표대회에서 시진핑 당 총서기 취임 이후 추진해오던 '4개 전면全面'을 신 지도부의 국가 통치 이념으로 확정하고, 2015년을 '강도 높은 4개 전면 추진의 해'로 삼았다.

'4개 전면'이란 ①전면적 샤오캉小康 사회 건설, ②전면적 개혁심화改革深化, ③전면적 의법치국依法治國, ④전면적 종엄치당從嚴治黨(엄정하게 당을 다스림)을 가리킨다.

이는 현 중국 지도부가 2021년 중국 공산당 창립 100주년이 되는 해 모든 국민이 편안하고 풍족한 생활을 하는 '샤오캉小康 사회'를 이룩한다는 목표 하에, 정치·경제·사회·문화·군사·외교 각 부문에 대한 개혁을 전면적으로 심화하고, 법치를 구현하여 청렴 및 공평·성숙한 현대 사회를 만들며, 당을 엄격하게 관리하여 최고 지도부인 당 중앙부터 솔선하여 청렴 기풍을 이루어 나가겠다는 의지를 나타낸 것이다.

전면적 개혁심화

중국 공산당은 2013년 1월 15일 제18기 3차 중앙위 전체회의에서 '당의 전면개혁 심화에 대한 결정'을 채택하고 정치·경제·사회·문화·국방·환경·공산당에 대한 16개 부문 60개 항목에 걸친 향후 '개혁 목표'와 '실천 과제'를 제시했다.

2020년까지 중요 영역 및 관건 부문 개혁에서 결정적 성과를 거양하고, 각 방면의 제도를 한층 더 성숙·완전화한다는 방침 하에 헌법과 법률 권위의 수호, 법 집행 제도 개혁, 의법·독립·공정한 재판권과 검찰권 행사 보장, 전국 사법권 운영 시스템 완성, 공평한 분배 강화, 생태환경 정화淨化, 인권사법 보장 제도 개선, 시대에 뒤진 낡은 제도 개혁 등을 적극 추진하기로 했다.

전면적 개혁심화의 주요 내용

o 주요 실천 방안

- 경제 체제 개혁: 시장이 자원 배치에서 결정적 작용을 하도록 하면서 정부의 역할이 발휘되도록 조정

- 국유기업 개혁: 국유 경제의 통합과 현대화를 통한 민간 경제 활동 장려

- 정부 개혁: 정부 기능의 법제화, 효율화, 서비스 중심 정부로의 변모

- 재정 개혁: 중앙·지방정부간 권한 조정, 세제 개혁 및 예산 투명성 제고

- 분배 강화: 소득 분배에 대한 합리적 제도 마련, 공정·지속 가능한 사회 안전망 구축, 국유 자원의 도시·농촌간 배분 효율화, 농촌에 현대화 수혜 확대, 농민들에게 더 많은 재산권 부여

- 세계화 진전: 투자 장벽 완화, 자유무역협정^{FTA} 개방 가속화

- 생태 문명: 친환경 현대화, 천연자원의 재산권 인정 및 사용에 대한 통제, 환경 보호 시스템 구축

- 국가 안보: 군대의 현대화 등 추구

o 세부 조치사항

- '한 가정 한 자녀 정책 완화'

* 2016년 1월 1일부터 전면적인 한 가정 두 자녀 정책 실시로 확대

- 노동교화제 폐지

* 노동교화제: 행정 당국이 정식 재판을 거치지 않고도 최장 4년간 인신을 구속하고 강제 노동과 사상 교양을 시키는 처벌

18

– 사법 관할 제도를 행정구역과 적절히 분리, 공개 재판 등 재판 관련 제도 개혁, 고문 등 강압적인 수사 엄격 금지

– 관료들이 다수 주택을 소유하고 규정에 맞지 않는 관용차, 비서 고용 행태 엄격 금지

위에서 제시된 개혁안들은 출생에서부터 교육·일상생활·노후에 이르기까지 국민 생활과 직결되는 것들로, 2020년까지 계획대로 이행될 경우 중국인의 일상과 사회생활 및 국가 통치 체제에 커다란 변화를 가져올 것으로 기대되고 있다. 이에 따라 많은 중국학자들은 상기 전면적인 개혁심화 선언을 한 당 18기 3중전회를 1978년 개혁개방 정책을 채택했던 당 11기 3중전회와 비견할 만한 '중요회의'로 높게 평가하였다.

전면적 의법치국과 부패 척결

의법치국

중국 지도부는 2014년 가을 18기 4차 당 중앙위 전체회의에서 '전면적인 의법치국依法治國', 즉 '철저한 법에 의거한 국가 통치'를 해 나갈 것이라면서 다음과 같이 강조하였다.

첫째, 전국 각 민족·모든 국가 기관과 무장 역량(군대를 총칭), 각 정당과 사회 단체·기업 조직은 반드시 헌법을 기본 준거로 삼아 활동해야 하며, 일체의 헌법 위반 행위는 반드시 추궁 및 처벌을 받도록 한다. 또한 전국인민대표회의의 헌법상 감독 기능을 완전화하며, 심사 제도 및 역량을 강화한다.

둘째, 사회주의 법치는 반드시 공산당의 영도를 견지하여야 하고, 당의 영도 또한 반드시 사회주의 법치에 의거해야 한다.

셋째, 지방 각급 정부는 법 집행의 엄격한 책임제와 함께 공평·공정·청렴·고효율 및 투명화를 담보해야 한다. 또한 행정 권력에 대한 공산당 및 인민대표대회 감독 기능을 높이고, 기타 민주·행정·사법·심계·사회·여론 감독 제도 건설도 강화한다.

넷째, 사법 관리 체제 및 권력 운영 시스템의 완전화, 사법 행위의 규범화와 감독 강화로 사법 사건에 대한 공평·정의를 수립하며, 영도 간부들의 사법 처리 활동에 대한 간섭·개입 행위를 기록·통보 및 책임 추궁 제도를 수립한다.

다섯째, 선전 교육을 강화하여 국민들이 자발적으로 법을 지키고 법에 의해 문제를 해결하게 하는 등 법치 의식 수립과 법치 사회 건설을 이룬다

여섯째, 법치를 강화하여 제도화·법률화 해야 하며, 지도자 한 사람의 교체에 따라 법제도가 바뀌어서도 안되고, 한 지도자의

견해나 관심 변화에 따라 법 적용이 바뀌어서도 안 된다.

강력한 부패척결 활동

또한 중국 지도부는 '의법치국'의 제도화를 통해 고질적인 간부 부정 부패를 근절하고 민생 안정을 도모한다는 방침 하에 강력한 부패 척결 운동을 전개했다. 2013년 1년간 18명의 차관급 이상 고위 공직자 및 대형 국유기업 CEO 2만 5,855명을 비리 혐의로 처벌하였고, 2014년 한 해 저우융캉周永康 전 정치국 상무위원 및 쉬차이허우徐才厚 전 중앙군사위원회 부주석 등 총 28명의 성·부급省·部級(지방 성장 및 중앙 부처 장관급) 간부와 현·처급縣·處級(지방 현장 및 중앙부처 처장급) 이상 간부 4,040명을 사법처리했다. 이 가운데 저우융캉 전 상무위원은 당 서열 9위의 최고 지도자로 석유업계는 물론 사법과 공안을 장악함으로써 권력 분점 체제에서 무소불위의 권력을 행사해 온 것으로 알려져 왔으며 2015년 6월 11일 뇌물수수, 직권남용, 국가기밀 고의 누설죄로 무기징역을 선고 받았다. 저우융캉의 사법처리는 1949년 신 중국 성립 후 공산당 최고 지도부인 상무위원이 부패 혐의로 처벌된 첫 번째 사례로 중국 공산당 반부패 투쟁사에서 새로운 획을 긋는 중요한 의미를 내포하고 있다.

전면적 종엄치당

이와 함께 중국 지도부는 '당이 당을 관리해야 한다'는 당요관당党要管党, '당을 엄격하게 다스려야 한다'는 종엄치당從嚴治党을 강조했다. 당 기풍을 한층 강화하여 간부들의 사상과 신념을 굳건히 하며, 당 기율을 엄정히 하여 간부를 엄격하게 관리하고, 그들의 권력 행사를 제한하며, 잘못에 대해서는 결코 용인하지 않겠다는 것이다.

특히 시진핑 당 총서기는 "일부 당 간부 중의 4풍風(4가지 기풍: 탐오와 부패, 군중 이탈, 형식주의, 관료주의) 문제를 반드시 해결할 것"이라 하고 "당 기풍 건설에 있어 먼저 당 중앙 정치국에서부터 시작하고, 남에게 할 것을 지시하기 전에 자기가 먼저 할 것과, 남에게 하지 말 것을 요구하는 것은 자기가 먼저 하지 말 것"을 강조했다(2012년 11월 15일, 대내외 기자 회견석상에서).

이에 의거, 중국 공산당은 2012년 12월 4일 정치국 회의에서 "업무 기풍을 진작하고, 군중과 밀접히 연계할 8항 규정"을 통과하여 지도층부터 솔선수범해 새로운 기풍을 조성하는 등 여러 주요 조치를 내놓았다. 그 내용은 다음과 같다.

- 당이 주재하는 모든 행사의 간소화와 특권 폐지: 허례허식·형식주의 타파, 관중 동원·차량 통제·지도자 과잉 경호 금지, 레

드카펫·축하 화분·플래카드 사용 금지

　　-'명절병^{名節病}'에 관한 문건 하달: 명절 때 각급 간부들이 검소하게 보낼 것과 선물 주고받기 금지

　　- 당 중앙기율위원회와 각급 기율감찰기관의 감독 활동 강화: 간부들의 회원카드 보유 금지, 공금 이용 선물 제공 및 연하장 제작 금지, 호화 연회 금지 등에 대한 실행 여부 집중 감시

　　- 2013년부터 예산 관리, 공무 접대, 공무차량 사용, 공적인 임시 출국 및 회의 참가 활동, 업무용 사무실, 영도 간부 접대, 국유 기업 책임자 직무 비용에 대한 심계^{審計}·기율감독 등에 걸친 각종 규정 제정

　　- 영도 간부들의 기업 내 겸직 행위 정리: 2014년 3월~5월간 성장 및 중앙부처 부장급 간부 229명 포함 모두 4만 700여 간부들의 기업 내 겸직 취소

　　- 2014년 2월 '배우자가 국외로 이민간 국가업무인원의 직위 관리 방법' 발표: 국내에 혼자 남아있는 중앙부처 부처장급 이상 간부들의 해외 거주 배우자 혹은 자녀 귀국을 종용하고 이에 불응한 약 1,000여 명의 간부 직책을 재조정

　　중국 공산당 감찰기관은 2014년 11월 30일 전국적으로 '8항 규정'을 위반한 사례로 7만 3,332건을 적발하여 9만 6,788명을 의법 처리하였으며, 그 중 3명의 성·부장급^{省·部長級} 간부 포함 2만 9,026

명을 기율처분했다고 발표했다.

문화·환경 건설

한편 중국 지도부는 오늘날 중국이 정치·경제·외교·군사적
으로 국제적 위상이 크게 고양되었으나 문화적인 면에서는 상대적
으로 크게 미치지 못하고 있으며, 이로 인해 중국의 대외 이미지가
서방 세계에서 많이 왜곡되고 있다고 보고 중국 전통 문화 발양을
통하여 민족 응집력을 강화하고자 하고 있다.

이에 따라 앞으로 문화 사업을 전개하는 데 있어 ①군중 속
으로 파고들어 문화 기풍 진작과 문화 풍토를 개선하고, ②국민들
에게 공공 문화시설 무료 개방 및 서비스 수준 향상 등 다양한 문
화 혜택을 제공하며, ③우수 예술작품 창조를 적극 지원하고, ④점
차적으로 문화 체제를 개혁해 나간다는 방침이다.

생태환경 위기에 대해서도 깊은 경각심을 갖고 대처하고 있
다. 특히 2015년 1월 1일 새 환경보호법을 발효시켜 기업의 환경 위
법 행위를 횟수가 아닌 일수 기준으로 처벌하고 벌금 상한선을 없
애는 등 처벌 강도를 크게 높였으며, 시행 후 2개월간 527개 공장을
폐쇄하고 26개 기업에 벌금 1,240만 위안(약 21억 8천만 원)을 부과했다

(2015년 4월 11일, 신화통신).

엄격한 발원지發源地 보호 제도와 환경 파괴 손해배상 제도 및 책임추궁 제도를 실행하여 생태환경을 적극 보호하기로 하였으며, 대기오염이 심각한 수도권에 향후 6년 간 우리나라 돈으로 약 7,300조 원을 투입하기로 했다.

국방 및 강군 건설

또한 시진핑 당 총서기는 기회 있을 때마다 "강대한 군대가 없고 공고한 국방이 없다면 강국의 꿈은 실현하기 어렵다"면서 "싸움에서 능히 승리할 수 있으며, 기풍이 우량한 인민 군대 건설을 위하여 분투할 것"을 강조했다. 이에 따라 중국 군은 새로운 군사 전략 방침으로 육·해·공군 작전 범위 확대, 종전 방어 위주에서 공격 중심으로 선회, 전통적 육군 중시에서 강력한 대양大洋 해군 건설, 러시아와 집단 안보 체제 추진 등을 제시하였다. 그 구체적인 방안은 다음과 같다.

－ 육군은 종전 7개 군구軍區 중심의 지역 방어 위주에서 유사 시 군구를 벗어나 수천 킬로미터를 신속 이동할 수 있는 기동군을 육성

- 해군은 종전의 근해^{近海} 방어 전략에서 근해 방어와 원해^{遠海} 보호를 결합하는 현대적 해상 군사력을 구축해 주권과 해양 권익·전략적 ^(해상) 통로를 수호

- 공군도 기존 국토 방어 위주에서 방어와 공격을 겸비

- 핵과 미사일을 운용하는 제2포병을 정예화하고, ^(핵무기의) 정밀한 중장거리 타격 능력을 제고

- 우주 안전을 위한 우주군 및 해킹 공격에 대비한 인터넷 부대 창립 필요

- 이제까지의 비동맹 고수 입장에서 군사 안보 협력의 공간을 적극적으로 개척, 러시아와의 전략적 동반자 관계 구축 등을 열거했다.

중국군은 이러한 전략 방침에 의거 2015년 말부터 대대적인 군 조직 정예화·슬림화 개혁 작업에 착수했다.

군 최고 영도기관인 중앙군사위원회를 현행 4총부^(총참모부, 총후근부, 총장비부, 총정치부)에서 6부^(연합총참모부, 정치공작부, 후근보장부, 장비발전부, 훈련관리부, 국방동원부), 판공청, 3개 위원회^(기율위원회, 정법위원회, 과학기술위원회), 5개 직속체계^(전략기획판공실, 심계서, 개혁편제판공실, 기관사무관리총국, 국제군사합작판공실)로 개편했다. 또 7대 군구를 북부^(瀋陽: 한반도 및 러시아 국경지역 관할), 중부^(北京: 수도방위), 동부^(南京: 동중국해 관할), 남부^(廣州: 남중국해 관할), 서부^(成都: 신장 및 인도 국경 관할)의 5대 전구^{戰區}로 개편하고, 육·해·공군 및 미사일 부대, 전

략지원 부대 5개 군종軍種을 두기로 하였다.

대국 외교 추진

　　중국 지도부는 대외면에 있어서도 세계 제2의 경제대국에 걸맞는 '신형 대국大國 외교론'을 펼치고 있다.

　　시진핑 당 총서기는 2013년 1월 당 정치국 제3차 전체학습에서 "중국 외교가 세계 규칙의 추종자追從者에서 제정자制定者로 변하고 있다"고 강조하고, 2013년 10월 주변국 외교 사업 좌담회에 참석하여 "분발유위奮發有爲(분발해 성과를 내다), 여시구진與時具進(시대와 함께 전진하다), 갱가주동更加主動(더욱 주동적으로 움직이다)"의 외교활동 '12자 방침'을 제시했다.

　　중국은 지금까지 개발도상국가의 입장에서 자기의 욕구를 최대한 억제하고 서구 선진국의 장점을 도입·학습하는 '도광양회韜光養悔(자기 역량을 감추고 조용히 실력을 연마)'의 외교 정책을 취해왔다. 그러나 세계 경제대국으로 부상한 오늘날에는 이러한 자세에서 벗어나 적극적인 주동작위主動作爲(해야 할 일을 주도적으로 한다)의 대국외교 정책을 전개해 나가겠다는 방침이다. 특히 타이완, 티베트, 신장 지역 주권 및 영토 보전 등 중국의 핵심 이익과 연관된 사안에 대해서는 절대 타협하지 않고 주도적으로 이익을 지키겠다는 의지를 분명히 하고 있다.

'일대일로' 전략

이와 함께 시진핑 당 총서기는 '일대일로一帶一路(육·해상 실크로드)' 를 통해 신형 대국 관계의 전략적 초석을 다지며, 친親·성誠·혜惠·용容 을 주변 외교 이념으로 삼는 등 중국 대외 전략의 새로운 틀을 형성 하고 있다. 그는 2013년 9월 중앙아시아 카자흐스탄을 방문해 유럽과 아시아가 실크로드 경제벨트를 공동으로 건설할 것을 제안한 데 이 어, 같은 해 10월 인도네시아를 방문하여 아세안 국가들과 해양 협력 동반자 관계를 발전시키고 21세기 해양 실크로드를 함께 건설할 것을 제기했다.

중국 정부는 2015년 3월 28일 중국 국가발전개혁위원회·외 교부·상무부 연합으로 '일대일로' 계획의 추진 배경과 목표·개념· 추진 절차 등을 담은 이른바 액션플랜을 공동 발표했다.

발표 내용을 보면 먼저 '일대일로'는 육상의 실크로드 경제 지대와 해상의 21세기 해상 실크로드 양대 축으로 추진되며 아시 아와 유럽·아프리카 대륙과 주변 해역을 모두 아우르고 있다. 육상

으로는 중국 시안^{西安}에서 중앙아시아와 러시아·유럽 대륙까지, 해
상으로는 중국 연해와 동남아시아·남아시아·인도양을 거쳐 유럽
과 남태평양까지 연결한다는 계획이다.

세부 방침으로는 정책의 소통, 기간시설^(인프라)간의 상호 연결,
무역 및 금융 자금 소통, 인적 교류 확대 등을 제시했다. 또 항구·철
도 등 교통 인프라를 연결하고 각국과의 자유무역지대 건설, 송유
관·가스관·전력 등 에너지 기초 시설 연결을 통한 에너지 협력도
적극 추진하기로 했다.

각국과 투·융자 및 신용 시스템 건설을 가속화하고, 양자^{兩者}
통화 스와프 확대, 결제 범위 및 규모 확대 등을 통해 금융 자본의
소통과 협력도 강화하기로 했다.

필요한 자금은 아시아인프라투자은행^{AIIB}과 브릭스^{BRICS} 개발
은행 운용, 상하이협력기구^{SCO} 내 금융기구 협력, 실크로드 기금 운
용 등을 통해 조달하기로 했다.

시진핑은 국가 주석 신분으로 2015년 4월 20일부터 24일까
지 파키스탄과 인도네시아를 방문하여 해상 실크로드 외교 활동을
전개한 데 이어, 5월 7일부터 12일까지 육상 실크로드로 연결되는
카자흐스탄, 러시아, 벨라루스 3개국을 방문하여 약 90개항의 계약
및 협정을 체결했다.

2016년 들어서도 1월 19일부터 23일까지 중동 3개국^{(사우디아}

라비아, 이집트, 이란)을 순방하면서 '일대일로' 프로젝트 참여 조건으로 최소 86조원 규모의 투자에 합의하는 등 적극적인 외교 활동을 전개했다.

중국 정부는 주변국과의 협력을 통한 '일대일로' 정책 추진으로 ①인프라 투자 확대를 통한 내수 부진 해소와 중서부 지역 발전, ②주변국에 대한 경제적 지원으로 중국 주도 경제 협력체 구축, ③철도·발전소·통신 등을 수출하고 천연가스·식량 등 중요 자원을 안정적으로 확보, ④중국 중심의 유라시아 거대 경제권 형성으로 경제대국으로서의 지위 유지, ⑤글로벌 경제에서 중국의 역할 확대 등을 기대하고 있는 것으로 평가되고 있다.

중국의 미래 전망

이처럼 신창타이 시대 대대적인 구조조정으로 '중화민족 중흥'을 실현하고자 하는 중국의 꿈은 과연 순조롭게 이루어질 수 있을 것인가? 이에 대해 세계 언론·연구기관·학자들은 대체적으로 부정과 긍정의 상반된 견해를 보이고 있는 바, 이를 종합하면 다음과 같다.

부정적 견해

먼저 부정적인 견해로는 최근 이슈가 되고 있는 바와 같이 중국 경제 성장 둔화와 리스크 축적, 부동산 침체, 지방정부 채무 문제, 시스템적 금융 리스크 등에 따른 금융 위기로 경착륙 가능성이 많다는 지적이다

'중국 정치 붕괴론'도 제기되고 있다. 중국 경제 발전에 따른 국민들의 정치 참여 욕구 증대로 서구식 민주주의 제도 도입 요구가 거세지면서 중국 공산당 일당 통치 체제를 유지할 수 없게 된다는 논리다.

'중국 민족 분열론'도 나오고 있다. 시장西藏 티베트족과 신장新疆 위구르족 등 소수민족들의 분리·독립 운동이 격화되면서 중국이 분열될 것이라는 것이다.

'중국 사회 붕괴론'도 존재한다. 중국민들의 발전 불균형·빈부차·부정부패·환경 오염 문제 등에 따른 내재적 불만이 폭발하여 커다란 사회 혼란이 일어날 가능성이 크다는 것이다.

'중등수입 함정론middle income trap'도 대두되고 있다. 한 국가가 1인당 GDP 6천달러에 달하는 중등수입 국가에 진입하게 되면 장기간 동안, 심지어는 수십 년 동안 발전하지 못하게 되는데, 2014년 중국 1인당 GDP가 7,572달러에 달해 중등수입 함정에 빠지게 될 가능성이 높다는 것이다.

기존 강대국의 견제·방해가 갈수록 심화되면서 어려움에 처하게 될 것이라는 '투키디데스 함정론'도 있다. 고대 희랍 역사학자 투키디데스Thucydides(BC 460~400)의 '어느 한 대국大國이 굴기하면 반드시 현존하는 대국에 도전하게 되며, 현존하는 대국 역시 필연적으로 이러한 위협에 반응하여 전쟁을 피할 수 없게 된다'는 것이다. 오늘날의 미·중간 패권 대립이 그러한 양상을 보이고 있다는 것이다.

긍정적 견해

반면 긍정적 견해는 중국이 많은 부정적 요인에도 불구, 아래 근거를 바탕으로 궁극적으로 소기의 목표에 근접할 수 있을 것이라는 입장을 보이고 있다.

첫째, 현 지도부가 질적 성장을 위한 전면적인 구조조정과 함께 '일대일로' 전략 같은 신성장 프로젝트를 추진하는 등 리스크 차단을 위한 선제적인 조치를 적극 취하고 있다는 점이다. 이러한 중국의 구조조정 과정에서 나타나고 있는 경제 성장률의 둔화 등은 성장을 위한 불가피한 현상으로 중국 정부가 잘 극복해낼 수 있다는 것이다.

둘째, 중국은 아직 발전도상에 있는 대국으로 많은 잠재력을 갖고 있다는 점이다. 중국은 세계 3~4위의 광범한 영토와 세계 1/5의 인구를 보유하고 있으며 전국 도시화율이 이제 50%를 넘어서는 등 광대한 내수시장을 형성하고 있는데다, 그동안의 경제 성장 과정에서 정부 및 민간 모두 풍부한 경험과 자금을 갖고 있으며 일정한 기술 역량도 갖추고 있다는 것이다.

셋째, 중국 통치 근간인 중국 공산당이 건립 후 90여 년 동안 온갖 위기를 겪으면서 생존해 온 끈질긴 생명력을 갖추고 있으며 그 이면에는 다음과 같은 고유의 특장特長을 갖고 있기 때문이라는 것이다.

① 기존 사상과 이론을 뒤집거나 부정하지 않고 시대 발전에 맞게 승화·발전하는 유연성을 지니고 있다는 점이다.

② 중국 공산당은 전국적으로 약 8,700여만 명의 당원과 370여만 개의 당 기층 조직 등 강력한 조직력과 행정력을 갖추고 있으며, 1953년 이후 오늘날까지 총 14차에 걸친 5개년 발전계획을 지속 추진, 체계적·단계적인 국가 발전을 이루는 동력動力을 갖고 있다는 것이다.

미래 '중국의 꿈'은 현 5세대 지도자 시진핑(2012~2022)을 거쳐 다음 세대 지도자들에 의해 단계적으로 실현될 것이다. 중국의 후대 세대들은 사회주의 체제하의 자본주의 시장 경제 사고방식 속에서 성장하여 개인주의와 개방적인 사고, 강한 자유·평등 의식과 함께 국가와 민족에 대한 높은 자긍심도 갖고 있는 것으로 평가되면서, 미래 중국 사회를 활력있게 이끌어 갈 것으로 관심을 끌고 있다.

그러나 이들 앞에는 위에서 언급된 여러 문제점들이 놓여 있으며, 문제점 하나하나 결코 만만치 않은 파급력을 갖고 있다.

결국 미래 '중국의 꿈' 실현은 이러한 중국의 후대 세대들이 위에서 언급된 중국의 특장을 살려 현재 나타난 문제점은 물론, 앞으로 새롭게 제기될 문제점들을 여하히 잘 극복하고 연착륙할 수 있을 것인가의 여부에 달려 있다 하겠다.

필자로서는 미래 중국이 많은 난관을 잘 극복하고 목표하는 꿈을 무사히 이루기를 바라며, 꿈을 실현한 후 세계 평화 및 공동 번영에 이바지하는 길로 나가게 되기를 기원해 본다.

* 상기 내용은 필자의 졸저 『미래 중국 인사이트』(2015. 9. kmac출판) 후반부를 압축·정리한 것으로 보다 상세한 사항은 동 책자를 참고하기 바랍니다.

II

중국의 정치·외교

한중 관계의 바람직한 발전 방향에 대하여

한중 수교 24년 회고와 전망

이규형 전 중국 대사, 삼성경제연구소 고문

2014년 7월 3일 중화인민공화국 시진핑 국가주석이 펑리위안 여사와 함께 국빈 방문 차 서울의 성남 국제공항에 도착하였다. 시 주석의 당시 한국 방문은 처음이 아니었다. 20여 년 전인 1995년 푸젠福建성 푸저우福州시 당서기 시절, 투자설명회 개최차 한국을 처음 방문하였고, 두 번째는 2005년 7월 저장浙江성 당서기로서 방한하여 당시 야당이었던 한나라당의 박근혜 대표와 오찬을 함께 하며 한중 양국 관계의 발전 방향에 대하여 의견을 나눈 적이 있다.

그리고는 2009년 12월 국가 부주석으로서 방한하여 정부인 사와의 일정에 더하여 경제 4단체장과 오찬을 하고 우리의 대표적

36

인 문화 역사의 고도古都인 경주를 방문, 한국에 대한 각별한 관심과 이해를 표시하였다.

2013년 1월 하순 북경 소재 인민대회당에서 박근혜 대통령 당선자의 특사를 만난 시 주석은 상해 임시정부청사는 물론, 항조우 소재 임시정부청사 뿐 아니라 김교각 스님, 김구 선생, 윤봉길 의사와 매헌梅軒 기념관에 관하여 상세히 언급하여 그 자리에 동석한 필자를 포함한 대표단을 깜짝 놀라게 한 바 있었다.

2013년 6월 말 박 대통령이 국빈 방중한 계기에 발표된 양국 정상의 '한중 미래 비전 공동성명'은 향후 새로운 20년, 40년을 맞이할 한중 '전략적 협력동반자 관계'의 내실 있는 발전을 위한 청사진이었고, 2014년 7월 시 주석의 답방 시 재천명된 공동성명은 그와 같은 청사진을 보다 구체화하기 위한 행동지침서라고 볼 수 있다.

1992년 국교 정상화 당시 수십억 달러에 불과하였던 한중 양국 간 교역액은 2015년 불안한 세계 경제의 영향으로 다소 주춤하였지만, 2014년에 이미 3,000억 달러에 육박하였다. 또 수십만 명에 불과하였던 양국 간 방문객은 작년에도 2014년에 이어 1,000만 명을 돌파하였다. 이 숫자는 그간 양국 간 하루 2만여 명의 왕래객이 이제 3만 명이 넘는다는 것이고, 이는 양국의 곳곳을 연결하는 항공편이 이미 세계 최대 규모인 주 1,100여 편이 모자라 머지않아

1,200~1,300편이 되어야 한다는 것을 말해주고 있다.

또 양국은 자국 내에서 공부하고 있는 외국 유학생 중 각각 한국에서 온, 그리고 중국에서 온 학생이 가장 많은데[1] 이는 현재뿐 아니라 내일, 더 먼 중장기적 관계 발전의 귀중한 초석이 된다는 데에 큰 의의가 있다고 생각한다. 대단한 일이다.

한국과 중국이 1992년 8월 24일 외교 관계를 정상화한 이래 전반적인 양국관계가 지속적으로 비약적인 발전을 이룩하게 된 요인은 무엇일까?

먼저 지리적 인접성을 들지 않을 수 없다. 한국 서해의 백령도에서 중국 산동 반도 끝자락까지의 거리가 200킬로미터가 채 안 된다. 서울에서 베이징, 상하이, 창춘까지는 비행기로 2시간 남짓 걸린다. 필자가 2012년 주중 대사 시절 베이징에서 만난 정뻬이옌曾培炎 선생은 양국 관계를 '숙명적宿命的인 관계'라고 하였다. 분명 지리적 요인은 양국 관계 발전에 있어 중요한 요소 중의 하나다. 그럼에도 중국이 국경을 공유하는 국가가 14개나 되는데 모든 접경국가가 다 그런 것은 아니지 않는가.

따라서 수교 후 지난 24년을 회고하고 앞으로의 관계를 전망해보는 이 뜻 깊은 기회에 양국 관계 발전의 원인과 한중 양국이 상대국에게서 느끼는, 또 원하는 바가 무엇인지 살펴보고자 한다. 나아가 숙명적으로 이웃인 한국과 중국이 앞으로 영원히 '좋은 이웃^{好隣居}'으로 같이 살고, 함께 발전해 나가며, 세계의 평화와 안정 그리고 번영을 이루어 가는 데 중요한 역할을 하기 위하여 무엇을 해야 할지에 관하여 소견을 피력해 본다.

한중 양국 관계의 지속적이고 비약적 발전의 원인

물론 지리적 요인은 국가 간 관계 발전의 중요한 요소 중 하나임은 분명하다. 여기에 4,000여 년을 거슬러 올라가는 오랜 교류의 역사가 있고, 셀 수 없는 사람들의 왕래가 있었고, 그런 가운데 우리 마음과 머릿속에 공유하는 것들이 중요한 배경일 터다. 유교에 상당한 바탕을 둔 사회 풍습과 한자를 통한 학문의 전래와 융성, 문화적 공통성과 유사성 속에 새로운 조류를 과감히 받아들이고 독특한 고유성을 추구하는 정신은 20세기 80여 년에 걸친 관계 단절 기간을 훌쩍 뛰어넘을 수 있었던 귀중한 환경이라고 본다. 흔히 한류_{韓流}와 한풍_{漢風}으로 불리어지는 한중 양국간 문화적 공유 상황은 하루아침에 이루어질 수 있는 단편적인 것이 아니라, 긴 교류 역사와 오랜 문화 소통이 그 근저에 있기 때문에 가능한 사회문화적 현상이다.

물론 200여만 조선족 중국인의 존재 또한 여러 가지 측면에서 한중 양국간 소중한 연결다리 역할을 해 왔다. 특히 최근에는 비즈니스 부문에서 의미 있는 역할을 확대해 나가는 것이 양국 관계 긴밀화에 좋은 기여를 하고 있다. 또한 작년 600만 명을 넘은 요우커遊客의 방한과 벌써부터 매년 유지되고 있는 400여만 명의 한국인 중국 방문객은 자연스레 국민간 정확한 이해와 소통을 증대시켜 왔고, 이는 양국 관계 전반적 발전에 있어 윤활유와 같은 역할을 하고 있다고 믿는다.

1978년 개혁개방 이후 중국의 산업 기반과 노동 시장은 수교 이후 5만 개가 넘는 한국 기업의 진출 러시를 이루게 하였고, 이는 양국 대외 무역의 동반 성장을 가능하게 하면서 이에 따른 인적·물적 교류 협력을 대폭 증가시켰다. 또한 초기 산업 발전 단계의 중국은 수출 주도 경제 성장 계획을 수립하고 앞서 산업 근대화를 적극 추진하여 온 한국과 여러 부문에서 협력을 증대해야 할 필요성이 있었다.

특히 자동차, 조선, IT 분야에서 양국 기업은 중국 시장을 포함한 세계 시장을 대상으로 호혜적인 협조 증진 속에서도 치열한 경쟁 관계를 발전시켜 나갔고, 한해 600만 명을 넘어 3~4년 내 1,000만 명에 육박할 것으로 예상되는 요우커의 방한 증대 현실은 이미 제주도를 중심으로 한국 내 관광레저 분야에 대한 중국 투자자의 새로운 관심을 유발하였다.

고속 성장을 거듭한 중국 정부가 2011년 내수 확대를 통한 지속적 성장穩中求進을 추진하는 12.5 계획을 시행하는 데에 맞추어 한국 기업은 투자 증대와 친환경 노력, 중국 국내시장 지향 활동을 강화함으로써 그간 가공加工무역에 많이 의존했던 양국 간 경제 협력은 질적으로 큰 변화를 보여 왔다. 특히 작년 이래 신창타이新常態 하에 지속가능한 성장 정책인 13.5 계획을 착실히 추진하여 2021년과 2049년의 양兩 백 년의 목표를 달성하려는 중국의 꿈과 이제 국민소득 4만 달러의 선진국 영역으로 진입하려는 한국 정부의 규제 개혁과 새로운 성장 동력 창출 노력은 동병상련과 상부상조 정신의 공감대를 넓히고 있다고 하겠다.

한반도의 평화와 안정 유지는 두 나라 공통의 목표다. 북한 핵문제의 대화를 통한 해결은 매우 시급한 과제다. 또한 지속적인 북한의 대남 안보 위협 행동과 유엔 안보리 결의에 위배되는 장거리 미사일 발사 시도 등은 역설적으로 양국의 외교안보 담당자간 접촉과 협의를 강화시켰고 이는 이 분야에서 양국이 공유하는 집합集合의 크기를 지속적으로 증대시켜 왔다.

이와 같이 양국 정부 차원에서 이루어진 다양한 분야의 협력 증진은 국가 최고지도자의 각별한 관심과 지침 하에 수행되어 왔다. 양자적 방문이든 다자 무대에서 회담이든 빈번한 정상간 회동은 양국 관계 발전의 가장 중심적인 축軸으로서, 이러한 예는

2013~14년 박근혜-시진핑 교차 방문뿐 아니라 작년 9월초 북경에서 거행된 항일승전 70주년 행사에 박 대통령이 참석한 점에서도 찾아 볼 수 있었다.[2]

　　물론 한중 간에는 크고 작은 문제가 끊임없이 발생하여 때로는 양국 관계를 매우 긴장하게 한 적도 있었고 또 앞으로도 그렇게 할 경우가 적지 않을 것이다.

　　인접 국가로서 엄청난 인적·물적 교류가 이루어지고 있는 상황 하에서 각종 통상 이슈, 영사領事 문제 등이 빈번히 발생하는 것은 지극히 당연한 일이라고 하지 않을 수 없다. 과거 역사에 대한 인식 차이는 양국 간 근본적 관계를 쉽게 악화시킬 수 있는 매우 중요한 문제로서 양국 당국자들은 그 심각성에 대한 충분한 인식이 필요하다. 또한 서해西海를 공유하는 데에서 발생하는 제반 국제법적 문제와 중국 어선의 불법 조업 문제는 하루빨리 근원적인 해결책이 마련되어야 할 것이다.

　　특히 제3자로부터 야기되는 문제-탈북민脫北民을 비롯한 인권적 측면의 문제 등은 양국 간 매우 어려운 시기를 종종 가져오기도 하였고, 큰 원칙에 있어서는 별 문제는 없지만, 결과를 얻기 위한 과정에 있어서나 동원 수단에 관한 이견異見은 양국 관계당국 간 긴 교섭과 타협 노력을 가중시킬 수밖에 없었다. 이상과 같은 어려운 환경 속에서도 다행스러운 것은 양국 정부가 문제 해결을 통한 관계 발전 도모라는 큰 기본 원칙하에 제반 문제에 대처해 왔다는 점이고, 이는 지속적이고 비약적인 양국 관계 발전을 가능하게 한 또 하나의 중요한 요소로서 작용하였다고 생각한다.

상대국이 중요한 이유

새삼스러운 질문 같지만, 중국에 있어 한국은 왜 중요한 나라일까? 반대로 한국에 있어 중국은 왜 중요한가?

한반도의 평화와 안정 유지는 두 나라 모두에게 매우 중요하다. 물론 우리에게 사활적死活的 성격이 중국에게는 다소 못 미칠 수 있겠지만, 한반도와 동북아 지역의 평화와 안정 및 번영을 위하여 한중 서로가 서로에게 절대 필요하고 중요한 협력 파트너라는 데에는 이견이 없을 것이다. 북한 핵문제를 해결하고, 북한이 하루빨리 국제사회의 정상적인 일원으로서 민생 안정과 경제 발전에 진념하도록 하는 데 한중 두 나라는 공통의 이익을 가지고 있다.

상호 서로 주요 교역국인 점, 다 같이 유교의 전통과 한자 문화를 보존 발전시켜 온 대표적인 국가로서 인식되는 것도 다른 국가와 차별되는 독특한 의미를 갖고 있고, G20, APEC, EAS 등 많은 국제 무대에서 상호 협조하고 도움을 주고받는 신흥국가군의 일원으로서 그 가치 또한 매우 중요하다.

　　한국은 중국이 한반도의 평화통일 달성에 있어 매우 중요한 역할을 할 것으로 생각하고 있고, 가장 큰 수출시장이자 투자처로서, 나아가 경제발전에 있어서 상호 보완적 요소와 경쟁적 요소를 호혜적互惠的 결과로 승화시켜 나가야 할 대상국으로서 중요한 의미를 갖는다. 조선족 중국인들이 한중관계 발전에 지속적으로 기여하게 하는 것도 의미 있고, 오직 인도주의적 관점에서 탈북민脫北民 문제에 접근할 것이 요망되는 점에서 중국의 중요성은 배가倍加 된다. 한국을 방문하는 중국 관광객이 대폭 증대하는 것은 단순히 문화관광 측면뿐 아니라 국민 간의 이해 증진, 한반도 안보 상황 등 비경제적 관점에서도 매우 중요한 의미를 가진다고 할 수 있다.

　　중국의 지속적인 경제 발전에 있어 가장 인접지역인 한반도의 평화와 안정 유지는 관건적關鍵的 요소다. G2의 일원으로서 유엔 안보리 상임이사국인 중국에 있어서 북한 핵문제 해결은 양자적, 지역적 차원을 넘은 국제적 사안으로서 그 책임을 다할 것이 요청된다고 하겠다.

　　유교·한자 문화권의 주요 일원인 한국의 발전은 중국에 있어 한국의 경제적 발전 내용에 버금가는 좋은 참고 사안일 것이다. 중국 위안화의 국제화를 위한 제반 재정금융 정책 수립에 있어서 한국의 1998년 외환위기 때의 사례들은 귀중한 참고가 되고 있을 것이다. 중앙 정부 차원에서나 지방정부 차원에서 한국 내 농촌개발 실태, 환경보호 경험, IT 산업정책, 의료복지 현황 및 한류로 지칭되는 문화 콘텐츠 산업 등은 좋은 연구 분석 대상이 되어오지 않았을까. 또한 중국으로서는 자신의 몇몇 핵심적 과제, 예를 들어 달라이 라마의 방문 문제라든지 하나의 중국 원칙에 대한 한국의 지속적인 이해와 지지는 다른 어느 나라의 것보다 더 큰 중요성을 가지고 있다고 할 것이다.

한중 관계의 바람직한 발전 방향

이렇게 서로 중요하고 필요한 두 나라가 앞으로 더욱 바람직한 좋은 이웃 국가로 지내고 함께 발전하기 위하여 어떠한 노력을 해야 할 것인가?

2013년, 2014년 양국 정상이 각기 상호 국빈 방문 후 발표한 공동성명은 한국과 중국이 양국 간 경제, 문화, 인적 교류는 물론, 정치와 안보 등 모든 분야에서 이해와 신뢰를 강화해 간다고 밝혔다. 필자는 우리의 노력이 무엇보다 서로 존중하며 소통을 심화하는 데에서 시작되어야 한다고 믿는다. 상대방이 처해 있는 상황을 진정한 이웃으로서 관심 보이고 이해하며 도와주려 하는 마음가짐이 중요하다.

물론 각자의 국가 이익이 반드시 일치하지 않으며, 꼭 일치해야 할 이유도 없다. 그럼에도 한국과 중국이 진정한 '좋은 이웃好隣居'으로서 가지고 있어야 할 마음속에 지켜야 할 덕목德目을 준수하고, 가능한 배려를 주저하지 않는다면 한중 양국 관계의 미래는 밝기만 할 것이다.

역지사지易地思之라는 말이 있다. 또 구동존이求同存異, 요즈음은 구동화이求同和異라는 말을 많이 쓰고 있지만, 이러한 용어들을 한중 두 나라 국민만큼 쉽게, 그리고 바로 이해할 수 있는 국민이 어디 또 있을까? 상대방의 입장에 서서 여러 가지 복잡다단한 정치·경제·외교·안보 문제를, 민간 차원의 비즈니스를, 또 특정 협력 프로젝트를 함께 논의할 수 있다면 참으로 호혜적이고 함께 만족할 수 있는 결과를 보다 수월하게 얻게 될 것이다.

설혹 각자 입장에 차이가 있더라도 그 속에서 동질성을 추구하고 이질적 요소를 화합시키려는 자세를 견지해 나간다면 결국에는 윈-윈win-win의 결과를 얻게 될 것이다.

이러한 점을 감안해서 한중 양국이 앞으로 더욱 유념하였으면 하는 상대국의 특별한 사항, 즉 오늘날 한국과 중국이 처한 독특한 국내외 환경에 관하여 살펴본다. 이는 상대국이 어떤 특별 상황에 있는지 정확히 인식함으로써 우리가 상대에 대하여 갖는 기대와 희망을 보다 현실적이고 실질적인 것으로 만들 수 있기 때문이다.

　　대한민국은 보통 국가와 다른 세 가지 독특한 상황 하에 있다고 생각한다.

　　첫째, 한반도가 분단된 지 70년이 되었고, 남북한 관계에 다소의 부침은 있었지만 오늘날과 같은 대립·대결 상태가 지속되어 왔다는 점이다. 특히 우리들은 이례적으로 호전적이며 예측하기 어려운 긴장 격화 조치를 틈만 나면 자행하며 유엔 안보리의 북한 핵 문제와 장거리 미사일 발사 관련 결의의 위반을 밥 먹듯이 하는 북한과 155킬로미터의 휴전선을 두고 마주하고 있다. 따라서 국가 방위를 물샐 틈 없이 하면서도 한 민족인 북한과 대화를 통하여 한반도의 긴장을 완화하고 남북 화해 조성과 민족 공영 발전을 이룩하여 궁극적으로는 한반도 평화통일의 과제를 달성해야 하는 한국 정부, 한국 국민의 독특한 상황에 대한 깊은 연민과 이해가 요망된다.

　　우리들은 '민주 인권 언론의 자유'로 대표되는 인류 보편적 가치를 적극 추구하고 있고, 부단한 자구 노력과 외부의 도움으로 민주화와 경제적 근대화를 동시에 이룩하였다. 그러한 측면에서 일반적으로 한국은 서방 세계의 일원으로서 기존 국제 정치 경제 질서와 틀을 보존 발전시키는 데 동참하고 있고, 또 그렇게 하여야 할 충분한 이유를 가지고 있다. 그럼에도 한국은 1950년대와 1960년대 최빈국, 저개발도상국 수준에서 그간 세계 11~12위권의 경제력을 갖춘 선도 중진국으로 지속 성장하였고,[3] 그러한 배경 하에서 중국을 대표로 하는 신흥부상국Emerging Power들의 합당한 국제 질서 변경 희망과 기대에 본능적으로 동감하는 위치에 있다.

1978년 개혁개방을 선언한 중국은 중국 특색의 사회주의 기치 하에 특히 2000년대에 들어와 눈부신 경제 발전을 거듭해오면서 그 사이 G2라고 불릴 정도로 성장하였다.

일부 국제 전문기관들은 2030년 전후로 중국의 국내 총생산 GDP 규모가 미국과 같게 되고 그 이후에는 2014년 처음으로 세계 제1위가 된 대외 교역량과 마찬가지로 세계에서 제일 크게 되리라는 전망을 하고 있다.[4]

오늘날 중국 정부는 공산당 설립 100주년이 되는 2021년에 전 인민이 편하게 먹고 살 수 있는 중진국 수준의 소강사회小康社會의 건설과 1949년 중화 인민 공화국 건립 100주년이 되는 2049년 선진국이 되는 '사회주의 현대화' 과업을 달성하기 위하여 국가적 총력을 경주하고 있다.

세계 최대교역국으로서 동시에 최대 GDP 규모까지 다다를지 모르는 중국이 어떠한 정책을 수립·시행하는가 하는 것은 한국뿐 아니라 많은 국가의 큰 관심사일 수밖에 없다. 국제적 이슈에 대한 중국의 입장과 행동은 국제 정치 경제에 상당한 영향을 미치고 앞으로 더욱 그러할 것이다. 이러한 전망은 중국이 앞으로 보다 예측 가능하고 투명하고 국제적 표준에 합당한 정책을 시행할지에 국제사회로부터 더 많은 관심과 요청을 받는다는 것을 의미한다.

중국은 기존 국제 질서에 대한 변경을 지속적으로 모색할 것으로 예상된다. 신흥부상국의 대표주자로서 어떻게 보면 지극히 당연한 요구와 기대라고 이해할 수 있다. 그럼에도 그러한 과정이 과도하거나 급격할 경우 중국 스스로도 원치 않는 결과를 가져올지 모른다. 따라서 점진적인 변혁을 통하여 보다 공정하고 공평한 국제질서 수립을 모색하는 데에 동참하여 보편적인 공동선共同善을 만들어 갈 수 있어야 할 것이다.

2014년 7월 시진핑 주석은 방한 중 서울대학교에서 행한 연설에서 '중국은 평화와 협력을 추구하며 계속 배워 나갈學習 것'이라고 언급했다. 중국이 평화 발전하는 데 있어 시 주석 언급과 같이 크고 작은 모든 국가와 호혜적 협력을 강화하고 겸허히 배우는 자세로 임한다면 '중국의 꿈中國夢'을 실현해 나가는 중국 정부와 국민들은 국제사회로부터 진심 어린 축하와 존경을 받을 것이다.

글을 마치며

수교 후 4반세기 동안 이렇듯 지속적으로 비약적인 관계 발전을 이룩한 국가 관계는 세계적으로 유례가 없을 것이다. 그럼에도 그렇게 된 배경과 함께, 언제라도 관계 발전을 근본적으로 저해하고 악화시킬 수 있는 양자적, 지역적, 다자차원의 요소 등을 감안할 때, 1992년 수교 후 지금까지 그래 왔듯이, 한중 양국은 지속적인 관계 발전을 도모하는 별단의 노력이 필요하다. 그것은 기본적으로 양국이 처해있는 독특한 환경에 대한 깊은 이해를 바탕으로, 상대측의 최우선 과제에 대한 많은 공감 속에서, 상호 존중과 호혜공영의 정신 하에 특정 문제에 대하여 임하는 것이 요구된다.

따라서 양자적, 지역적, 국제적 성격의 문제에 직면하게 되는 경우, 한국은 중국의 우선 과제를 염두에 둔 입장 정리를, 중국은 한국이 우선적으로 중시하는 내용을 염두에 둔 접근과 이해가 필요하다. 그러한 기본적 관점에서 북한의 궁극적인 핵개발 포기 실현 방안, 사드 배치 문제를 포함한 한반도 평화와 안보 관련 문제, 한반도 주변 해역에서 반복되는 불법 조업 문제 근절 등, 그 시급성과 중요도에서 차이가 나지만, 끊임없이 수면 위로 떠오르는 수많은 크고 작은 문제에 대한 해결 방안의 길을 현명하게 모색해 나갈 수 있을 것이다.

이상과 같이 각국이 처한 특별 상황에 대한 분명한 인식과 이해를 바탕으로 앞으로도 각자 지속 가능한 국가 발전을 거듭해 나갈 것이라는 확신과 함께, 나의 발전이 상대의 발전에 도움이 되고 또한 상대의 발전이 나의 발전에 도움이 된다[5]는 인식을 새롭게 가질 때, 한중 양국 정부와 국민은 진정 '좋은 이웃'으로서 새로운 20년, 40년의 바람직한 한중 양국 관계를 지속적으로 발전시켜 나갈 수 있을 것이다.

1. 2015년 말 국내 외국 유학생 91,332명 중 중국 52,226명(57.1%), 베트남 4,395명, 일본 3,414명 순. 2014년 말 중국 내 유학생 377,054명 중 한국 62,923명(16.7%), 미국 24,203명, 태국 21,296명 순
2. 1992~2015년 사이에 양국간 정상회담은 양자·다자 차원을 모두 합하여 총 38회 개최되었다.
3. 2015년 세계 GDP 순위 및 규모(조불): ①미국 18.12, ②중국 11.21, ③일본 4.21, ④독일 3.41, ⑤영국 2.85, ⑥프랑스 2.47, ⑦인도 2.31, ⑧브라질 1.90, ⑨이탈리아 1.84, ⑩캐나다 1.62, ⑪한국 1.44, ⑫러시아 1.18
4. 2015년 교역량(억불): 중국 3조 8,800, 미국 3조 7,400(2014년: 중국 4.3조, 미국 3.97조)
2015년 GDP(억불): 미국 18조 1,200, 중국 11조 2,100(2014년: 미국 17.42조, 중국 10.36조)
5. 송무백열(松茂栢悅): 소나무가 무성하면 옆 잣나무가 기뻐한다는 뜻

한·중 해양 분쟁의 현황과 해결 방안[1]
해양 분쟁 해결을 위한 협력 방안을 중심으로

최춘흠 전 상해외국어대학교 교수, 전 통일연구원 선임연구위원

21세기는 어느 국가가 해양 경제와 해양 안보를 먼저 확보하는가가 그 국가의 발전을 확신할 수 있는 시대다. 중국은 경제력이 증대됨에 따라 이전의 육지 국가에서 해양 국가로의 변신을 점진적으로 추진해오고 있다. 이러한 중국의 해양굴기海洋崛起는 한국의 국가 이익과 서로 상충되는 점이 있어 이에 대한 장기적인 정책이 요구되고 있다.

2015년 한·중 양국이 양국 관계를 전략적 협력 동반자 관계로 발전해 나갈 것에 합의하였음에도 2016년 현재까지도 해양 분쟁이 타결되지 못한 채 지속되고 있어 이에 대한 개선 노력이 요구되

고 있다. 한·중 해양 분쟁은 주로 방공식별구역 문제, 이어도에 대한 영유권과 관할권 문제, 남해南海와 황해黃海(또는 西海) 지역에서의 배타적 경제수역排他的 經濟水域(Exclusive Economic Zone, EEZ) 대륙붕 경계 획정 문제, 불법 조업 문제 등에서 발생하고 있다. 본 연구는 한·중 해양 분쟁 현황을 고찰하고 이를 기반으로 한·중 협력 방안을 제시하고자 한다.

한국과 중국의 해양 정책

한국의 해양 정책

한국은 2011~2020년 10년의 장기적인 해양 정책을 '한국의 해양 정책 2011~2020'에 종합적으로 표방하고 3대 실천목표와 6대 추진전략을 제시하고 있다. 한국은 3대 실천목표로는 지속가능한 해양 환경의 보전 및 관리, 신 해양 산업 육성과 전통적 해양 산업의 고도화高度化, 신 해양 질서의 능동적 수용을 통한 해양 영역海洋 領域 확대이며, 6대 추진전략 중 한·중 해양 분쟁과 관련된 내용으로는 국제 해양 환경 변화에 대응한 해양관할권 강화, 해양 영토 개척을 통한 글로벌global 해양 경영 강화 및 남북한 해양 협력 강화를 위한 기반 조성 추진을 목표로 삼아 왔다.[2]

중국의 해양 정책

중국의 해양 정책은 해양의 평화와 안정을 지향한다는 목표 하에 해양 권익의 견지를 가장 중시하고 있다. 중국은 해양 정책 추진 전략으로 항행航行 자유 및 안전 보장, 평화로운 수단과 협상에 의한 분쟁 해결, 분쟁 해역에서의 공동 개발과 분쟁 협상을 통한 발전 지향을 들고 있다.[3]

배경: 중국의 해양력 확대와 미국의 아시아 해양 군사전략

중국의 해양력 확대

최근 들어 남중국해로를 이용하는 중국의 주변국들과 미국 등은 중국의 해양 군사력 확대를 심각한 위협으로 인식하고 있다. 중국이 보다 공세적으로 남중국해에서의 해싱 통제권을 주장하기 전에는 남중국해로에 대해 미국 등 여러 국가들의 자유로운 통항권이 안정적으로 보장되어 왔으나 현재 중국이 해상영유권, 해상통제권 및 관할권 등에 대해 공세적인 행동을 보임으로써 남중국해와 동중국해에서 긴장이 점점 고조되고 있는 상황이다.

해양통제권과 관련하여 미국과 중국은 이미 동아시아에서 이견을 나타냈으며 이는 이미 북한의 서해상에서의 천안함 폭침 사건 때부터 서서히 진행되어 온 것으로 현재 군사적 긴장이 고조되고 있다. 천안함 폭침 사건 당시 중국은 한·미 연합해상훈련 시 미국항모美國航母의 서해(중국에서는 황해라고 부름) 진입을 반대하면서 황해黃海는 중국 자신의 내해內海라고 주장하여 황해에 대해 독점적인 해상통제권을 행사할 수 있음을 이미 표방한 바 있다.

미국의 아시아 해양 군사전략

미국의 아시아 해양 군사전략은 공·해전투Air Sea Battle 전략으로 'Joint Concept for Access and Maneuver in the Global Commons' 작전 개념에서 구체화된 것으로 특히 동중국해와 남중국해 지역에 있는 자국의 파트너 국가들과 공조 체제를 구축하여 중국의 공세적인 해양 군사 도발에 대응한다는 내용을 담고 있다. 미국은 중국의 해양 군사력 증대 이전에는 한국이 필요로 하는 아시아의 해상교통로를 위협하고자 하는 의사가 없었다.[4] 그러나 이에 반해 중국이 남중국해에 대해 영해와 영토권을 강력히 주장하고 이들 지역에 대해 경우에 따라서는 암초를 섬으로 만드는 등 형질을 변경까지하면서 이들 지역에 해공군력을 확대 배치하여 왔다. 한국은 중국의 이러한 현상 타파는 자국의 해상교통로뿐만 아니라 해양 권익마저도 심각하게 위협하고 있다고 우려하고 있다. 한국은 현재 미국의 공·해군 전투 전략이 중국의 A2/AD(Anti Access/Access

Denial) 전략을 효율적으로 억제하기를 기대하여 미국과의 협력이 필수적일 것으로 판단하고 있다.

한·중 해양 분쟁: 사안별 분석

한·중·일 방공식별구역ADIZ(Air Defense Identification Zone)과 EEZ 중첩: 3국간의 갈등 고조 예상

1) 중국의 일방적인 방공식별구역CADIZ 확대 선포: 분쟁 중인 이어도 포함

2013년 11월 23일 중국은 자국의 방공식별구역China Air Defense Identification Zone(CADIZ)을 선포하였다.[5] 중국이 CADIZ를 동중국해 분쟁 도서島嶼인 댜오위다오釣魚島와 한국의 이어도 지역까지 포함함으로써 중·일, 중·한 분쟁이 더욱 심화되고 있다.

2013년 11월 23일 중국의 방공식별구역 확대 조치로 이어도가 포함되자, 한국 국방부는 즉각적으로 동년 12월 8일 '한국의 방공식별구역KADIZ' 확대를 선포하여 그동안 제외되어 있던 영해에 위치한 거제도 남쪽의 홍도紅島, 마라도와 EEZ 관할 구역에 위치한 남방南方의 이어도를 포함시켰다.[6]

이어도에 대한 중국의 조치에 대해 한국은 2013년 11월 28일 한·중 국방전략대화에서 중국측에 CADIZ 재조정을 요구하였

다. 한국은 중국으로부터 공식적으로 거절당하자 일방적으로 즉각 대응하는 자세를 취하였다. 이런 와중에도 한국은 자국이 이어도를 평화적으로 이용함을 알리고 실질적으로 이어도가 한국 관할 수역 내에 있음을 지속적으로 중국에 인지시켜왔다.

2) 한국의 대중^{對中} ADIZ 군사적 조치: 소극적 대응

2014년 1월부터 10월 초까지 주변국 항공기의 KADIZ 침범 횟수는 일본, 중국, 러시아 순으로 각각 390회, 88회, 24회였으나 한국은 중국에 대해 2차례의 공군 출격뿐으로 가장 적었다. 중국의 경우 이어도 및 제주도 쪽으로 들어오는 경우 속도가 300노트 이하여도 대응을 하게 되어있음에도 불구하고 한국이 가장 소극적으로 대응하였다.[7] 중·러 해상 합동군사훈련^(2014. 5. 20~5. 26) 구역이 KADIZ를 일부 침범한 데 대해서도 정찰 활동만 실시할 뿐 한국 공군기의 긴급 출동도 자제하는 등 가장 소극적으로 대응하였다.

3) 문제점: EEZ 문제 해결의 어려움 가중

중국의 일방적인 CADIZ 선포가 해양영토 주권^{EEZ} 분쟁에 가세함으로써 한·중 해양 분쟁 해결이 더욱 어렵게 되고 있다. 즉 한국을 포함한 미국과 일본도 중국의 CADIZ를 인정하지 않고 중국이 설정한 규칙을 거부한다는 입장을 밝히면서 중국의 조치에 대응해오고 있는 상황이다. 2016년 현재 한국은 우발적인 충돌을 방지하는 방안을 중국과 협의만 하고 있을 뿐 극적인 타결이 없는 상황이다.

이어도 분쟁: 영토권, 영유권과 관할권의 분쟁

한·중 간 이어도離於島(Leodo, 쑤옌자오, 蘇岩礁) 문제는 ADIZ와 EEZ 가 중첩되어 있어 문제 해결이 복잡할 뿐만 아니라 일본과도 중첩되어 있어 향후 한·중, 중·일, 한·일 간의 분쟁이 가장 치열할 것으로 예상된다. 현재 중국은 일본과는 조어도, 한국과는 이어도, 베트남과는 파라셀군도 문제⁸로 분쟁 중에 있으며 동중국해와 남중국해 해양영토 문제로 '중국 대 미·일' 분쟁이 고조되고 있는 상황이다.

1) 한·중 분쟁의 기본 문제점

한·중 분쟁의 기본 문제는 한국이 이어도를 하나의 섬으로 간주하여 영유권과 관할권을 주장하고 있는 데 반해, 중국은 이어도는 암초이며 자국의 EEZ에 포함되어 있어 자국도 관할권이 있다는 주장으로 양국 간에 의견 대립이 지속되고 있는 점이다. 현재 중국은 미·일과의 남중국해 군사적 분쟁에 주력하고 있음에도 이어도에 대해서도 한국과의 분쟁을 타협과 양보에 의해 해결하려는 의사를 적극적으로 표명하지 않고 있는 실정이다.

한국의 입장은 '선 관할권 주장과 평화적 해결, 후 영유권 주장'이다.

1952년 이승만 한국 대통령은 '이승만 라인Line'을 그어 이어도와 독도에 대한 관할권을 확보한 바 있었다. 그 후 한국은 1995년부터 관할권을 행사하면서 그 다음 해인 1996년에 200해리 EEZ를 선포하여 이어도가 자국의 EEZ에 속해 있음을 선포하였으며 이어도에 과학기지 건설을 추진하여 2003년에 해양종합과학기지를 준공하였다.

이어도에 해양과학기지를 건설한 후 한국은 연안국인 중국, 일본, 북한 등에 이어도에서 수집한 해상기상정보를 사전에 통보하여 피해 경보와 사전 예방 정보를 지속적으로 제공하여 왔다.

2) 이어도에 대한 한국의 영유권과 관할권 주장 지속

문제는 법률적 해석으로도 이어도는 현재 남중국해에서 문제가 되는 인공섬들과 같이 원래 해수면 아래에 잠겨있는 암초이기 때문에 '해양법에 관한 국제연합 협약'(국제해양법협약, United Nations Convention on the Law of Sea, UNCLOS)에 의거하면 도서島嶼로서 인정받을 수 없는 점이다.

중국의 입장은 '영토권' 주장에서 '관할권' 주장으로 입장이 변화하였다.

한국이 2003년부터 이어도에 해양종합과학단지를 운용하자, 중국은 일방적 행위를 그만 두라고 외교적으로 항의해 왔다. 중국은 이어도(쑤옌자오, 蘇岩礁)가 한·중 EEZ가 중첩되는 지역에 있어 아직까지 해양 경계 설정이 완료되지 않고 있는 상황에서 이어도에 한국이 종합과학단지를 건설하는 것은 불법이라고 주장하여 왔다. 2008년 8월 후진타오 중국 국가주석의 한국 방문을 앞두고 '해양 신식망'(www.coi.gov.cn)에 이어도가 중국의 영토라는 자료를 올렸으며 그 후 일시적으로 삭제했다 다시 올리는 등 일관된 입장을 표명하지 않았다.

중국은 이어도가 국제법상으로 자국의 영토로 인정받지 못한 것에 주의注意하여 2012년부터 자국의 영토 주장에서 자국의 관할권 주장으로 입장을 바꾸기 시작하였으며 종종 공동 개발을 제안하기도 했다. 2012년 3월 중국 국가해양국장이 자국 언론과의 인터뷰에서 이어도는 중국의 관할 해역으로, 해양감시선 및 항공기의 정기 순찰 범위에 포함된다고 주장했다. 그러자 한국에서는 "힘이 커진 중국이 드디어 우리의 영토를 침탈하려는 야욕을 드러내기 시작했다"며 중국을 비난하는 여론이 급속히 확산되었다.

중국은 지속적으로 이어도 관련 분쟁 소지를 확대해왔다. 2011년부터 2013년 10월까지 이어도에 대한 중국 군함과 정찰기의 해상 침범은 121회(그중 군함의 침범은 85회)에 달했으며, 군함의 경우 2011

년 13회에서 2012년 41회로 증가되었다가 2013년에는 31회로 감소되었다.[9] 이에 대해 한국 외교부는 중국 측에 항의를 한 번도 하지 않았다.[10]

3) 중국의 입장 변화: 중국의 EEZ 획정 방식에 의거한 '관할권' 주장

2013년 3월 중국 외교부가 본격적으로 이어도는 섬이 아니며 중국 대륙붕에 위치해 있는 해수면 아래에 있는 암초이므로 영토가 아니며 "한·중 양국의 EEZ이 겹치는 해역에 위치해 있음으로 그 귀속의 문제는 쌍방이 담판을 통해 해결해야 할 문제"라는 입장을 밝혔다. 그 후부터 중국 전문가들은 한국과 중국이 소유권을 따지지 말고 공동 개발하고 그 주변 바다 자원을 공동으로 이용하는 방향으로 협상할 필요가 있음을 주장하기 시작하였다.[11]

2013년 11월 중국이 이어도에 대한 한국의 관할권 주장에 맞서 이어도 지역까지도 중국방공식별구역에 포함시킴으로써 이어도에 대한 한·중 양국의 분쟁이 더욱 가열되었으며 한국의 중국 비난은 2013년에 가장 치열하였다. 중국이 이어도를 포함시키는 이유로 자국의 영토가 더 크고 해안선이 길기 때문에 한국보다 상대적으로 더 넓은 지역을 중국이 확보해야 한다는 입장에서다. 즉 중국은 이어도 지역에서 중간선보다 한국 측 해안 쪽으로 약 120km 정도 더 들어간 지역까지 포함한 해역을 EEZ 기준선으로 설정할 것

을 일방적으로 주장한 것이다. 그 결과 한국의 EEZ 관할구역 내에 있는 이어도가 중국의 EEZ와 CADIZ에 포함되자, 한국은 이어도를 포함한 KADIZ를 선포하여 맞대응함으로써 한·중 분쟁이 가속화되어 왔다. 한·중 양국이 순차적으로 맞대응하는 조치를 취하였으나 이어도에 대해 한국의 자유로운 비행 활동을 중국이 임의로 제약할 수 있기 때문에 한·중 사이에 무력 충돌을 배제할 수 없게 되었다.

4) 한·중 EEZ 경계 획정 협의 내용(1996~2013): 협상에 진전 없는 회담 지속

1996~2013년 기간 동안 한·중 양국은 중첩된 EEZ 문제 해결을 위해 국제법률국장급 해양 경계 획정 회담을 거의 매년 열었지만 진전을 보지 못했다. 중국 외교부는 육지와 해양의 영토 분쟁을 전담하는 '변경해양사무사邊境海洋事務司'를 설치하고 해양 경계 획정 업무를 맡도록 한 2009년 이후부터는 회담 자체가 자주 열리지 못했다. 그 이유로는 남중국해나 조어도 문제 등이 변경해양사무사 업무의 우선 순위를 차지했기 때문으로 추측된다.

5) 2015년 1월 한·중 서울 해양 국장급 회담

2014년 7월 박근혜 대통령과 시진핑 중국 국가주석의 서울 한·중 정상회담에서 양국이 2015년에 해양 경계 획정 협상을 가동하기로 합의하여 2015년 1월 한국 외교부 김인철 국제법률국장과 중국 외교부 변경해양사무사 국장급 협상이 개최되었다.

　　이번 협상에서 한국은 첫째, 중국과 베트남이 해양 경계 획정 협상 시 차관급 대표를 뒀다는 점과 '정치적 결정'이 필요하다는 점에서 한·중 협상의 대표도 차관급이 될 가능성이 있음을 밝혔다. 둘째, 경계 획정이라는 문제의 성격과 한·중간 입장차 등을 고려할 때 협상 마무리까지는 최소 3년, 길게는 10년이 걸릴 것으로 예상하고 있음을 밝혔다. 이는 중국이 베트남과 통킹만을 놓고 벌인 해양 경계 획정 협상도 7년이 걸려 2000년 12월 25일 체결되고 2004년 6월 30일에 발효됐다는 예를 감안해서다. 셋째, 한국은 한·중 양국 해안선의 중간선을 EEZ 경계로 하자는 기존의 '등거리' 원칙을 거듭 주장하였다. 넷째, 한국은 한국 쪽 바다는 어업 자원이 많아 지속가능한 어업 시스템이 되려면 해양 경계 획정이 필요하기 때문에 해저 지하자원 조사 시에 발생하는 분쟁 해결을 위해서도 더욱 더 경계 획정이 필요하다는 입장을 피력하였다. 다섯째, 한국은 해양경계협정 협상을 할 때 통상 등거리 원칙을 적용하여야 하지만 해안선의 길이, 섬 등의 고려 요소를 감안할 필요가 있음도 우회적으로 밝힌 바 있다. 이것은 한국이 중국의 입장을 탄력적으로 수용할 수 있음을 시사하였음에도 회담의 실질적인 진전에는 도움이 되지 못하였다. 반면에 이번 협상에서 중국은 기존의 입장을 거듭 주장하였다. 중국은 전체 해안선의 길이, 인구, 국토 면적 등에 비례해서 경계선을 설정하자고 주장하였다. 그 이유로 중국은 자원이 많이 매장된 해저분지구조(대륙붕)와 퇴적물이 자국 쪽에 가까이 있어 가능한 한 한국에 가까운 경계선을 획정하겠다는 입장 때문이었다.

6) 미·중 해양 분쟁: 한국의 지지 표명 촉구와 한국의 불개입 노선 지속

　　미·중 해양 분쟁에 있어[12] 미국이 한국의 미국 입장 지지 표명을 촉구함으로써 한·중 해양 분쟁이 더욱 가열될 조짐을 안고 있다. 2015년 6월 미국무부 차관보인 다니엘 러셀Daniel Russel이 미국 정부 차원에서 처음으로 중국의 증대되는 자기주장적인assertive 해양 영토 분쟁에 대해 한국이 입장을 밝혀야 한다고 언급하면서 한국이 미국의 입장을 지지해 줄 것을 촉구한 바 있다.[13] 동시에 미국은 한국에 대해 고속 초계함patrol boat, 호위함에 대힌 자금과 한국의 연안경비를 위한 전력 지원을 요청하였다. 이는 향후 한국이 미국의 입장을 공개적으로 지지 표명할 경우 미국의 한국 해군력 지원을 요청할 수 있기 때문이다.

　　2015년 6월 한국은 외교부 성명을 통해 미·중 간 갈등이 격화되고 있는 남중국해 영유권 분쟁과 관련 "아태지역의 안정과 번영을 위해 평화롭고 자유로운 항행의 보장은 필수적"이며 "특히 주

요 해상통로인 남중국해에서의 평화와 안정은 매우 중요하다는 인식하에 남중국해에서 최근 전개되고 있는 상황에 대해 큰 관심을 갖고 예의 주시하고 있다"고 언급한 바 있다.[14] 다시 말하면, 한국의 입장은 첫째, 국제법과 국제사회의 보편적 가치 준수, 둘째, 미·중 남중국해 영유권 분쟁에 대해 중립적 입장 고수, 셋째, 항행의 자유 Freedom of Navigation 주장이다.

2015년 10월 16일 한·미 정상회담 직후 오바마 대통령은 "박 대통령에게 (내가) 유일하게 요청한 것은 우리는 중국이 국제규범과 법을 준수하기를 원한다는 것"이라며 "만약 중국이 국제법 준수를 표명하지 않는다면 한국이 목소리를 내야 한다"고 언급한 바 있다. 이에 대해 한국 정부는 10월 17일 남중국해에 대해 "항행의 자유 보장과 평화·안정이 중요하고, 중국과 동남아 관련국이 이미 합의한 행동선언DOC의 완전한 이행과 조속한 행동수칙COC 체결이 중요하다"고 강조하면서 기존의 입장을 재확인하였다.[15] 2015년 11월 4일 아세안 확대 국방장관 회의에서 한국 국방부 장관과 2015년 11월 5일 아셈 외교장관 회의에 참석한 한국 외교부 장관은 모두 "남중국해에서 항행 및 상공 비행의 자유가 보장되어야 한다"고 역설하였다.

이렇게 한국이 일관되게 주장한 이유는 우선 남중국해에서 중국이 자국의 영토권을 주장할 섬이 없다는 판단 때문이다. 즉 남중국해 내에서 중국이 영유하고 있는 지형들 중에는 EEZ 및 대륙붕을 가질 수 있는 섬이 없는 '공해'이기 때문에 자유항행 및 상공 비행을 주장한 것이다.[16] 둘째, 남중국해 문제로[17] 인해 미·일 대 중국의 갈등이 점점 고조되고 있는 상황에서 만약 한국이 미국의 입장을 군사적으로 지지할 경우, 북한의 4차 핵실험 이후 북핵문제 해결이 어려운 상황에서 중국의 지지를 확보하는 데 어려움이 있다는 판단 때문이다.[18] 향후 한국이 중국과 이어도, 방공식별구역, 황해 문제 등에서 분쟁이 가열될 가능성이 있기 때문에 기존의 입장만을 거듭할 경우 미국으로부터 이들 문제에 대한 협력을 구하는 데 어려움이 많을 것으로 예상된다. 한국이 국제법에 의거해 미국의 입장을 외교 및 군사적으로 지지할 필요가 있다.

황해西海지역 협상(1987~현재)

　　1987년 이후 한·중 양국은 황해에서의 해양 경계 획정을 위한 회의를 18년 동안 14차례 이상 개최하였으나 별다른 성과를 도출하지 못했다. 황해 해역은 동서간 480km(300마일)와 남북으로 750km(470마일) 해역으로 한·중 양국의 배타수역EEZ이 중첩된 곳이 있다.

　　중국은 황해지역이 복잡성과 민감성을 함께 가지고 있다고 판단하여 왔다. 복잡성이란 해양 경계 획정의 어려움을 의미하며,

민감성이란 중국이 황해를 자국의 내해內海로 간주하고 있는 점과 중국 어선의 불법 어업으로 인해 어업 분쟁과 북한의 황해 상에서의 해상 도발 증대 가능성을 중시한 데 있다.[19] 그래서 중국은 황해 분쟁에서 덜 복잡하고 덜 민감한 분야인 황해의 해양자원 공동조사가 가장 중요한 양국의 협력 사안이라고 보고 있다. 반면에 한국은 중국의 불법 조업 문제로 보고 있다. 한·중 해양 경계 획정 협상이 지속되고 있음에도 구체적인 합의점이 여전히 도출되지 않고 있다. 영토 문제는 주권 문제로 한국과 중국 어느 국가든지 쉽게 양보할 수 없는 사안이기 때문에 협상에 어려움이 있으며 장기적인 시일이 필요할 것이다. 아울러 중국은 국제법에 의거하여 한국과 협상하지 않겠다는 입장인 반면에 한국은 기존의 입장만을 주장한 데도 그 원인이 있다.

1) 황해상 중국의 불법 어업 분쟁 해결 노력 증대: 긍정적인 추세

한·중 양국은 불법 어업 분쟁 해결을 위해 점진적으로 정보를 교환할 수 있는 체제를 구축하는 데 노력하여 왔다. 한·중 양국은 2001년 6월 어업협정을 체결한 이후 약 28.8만km^2(18만 평방마일)에 해당하는 잠정어업구역 이외에서의 불법 어업을 단속하여 왔다. 한중 어업지도 단속 실무회의는 양국의 EEZ에서의 합리적인 단속을 위해 2005년부터 매년 열리고 있다. 한국은 지난 10년간(2004~2014)

약 5만 2,000척의 어선을 감축하면서 중국도 황해에 인접한 중국의 지방정부가 관할하는 어선 척수를 줄여 황해에서의 불법 어업의 제도적 방지 대책을 촉구하여 왔다. 문제는 중국의 불법 어선 수가 너무 많고 조직적으로 한국의 단속에 저항하기 때문에 단속에 어려움이 많은 점이다.

한·중 양국은 2015년에 '한·중 어업지도선 공동 순시'를 3회 시행하기로 합의하였으며 양국 어업인의 분쟁 등 긴급 상황 발생 시 단속 기관 간 상호 연락창구 정비에 합의한 바 있다.[20] 2015년 5월 한중 양국은 EEZ상에서의 한국 혹은 중국의 허가를 받지 않은 무허가 어선(즉 양무어선)에 대한 단속과 처벌을 강화하기로 합의하였다. 한국은 단속된 중국 어선이 한국에서나 중국에서도 어업 허가를 받지 않는 양무어선으로 확인이 되면 중국에 인계해 중국 정부가 직접 몰수할 방침이며, 한국은 단속 이후 벌금 성격의 담보금擔保金을 내지 않은 중국의 양무어선을 몰수하기로 중국과 합의하였다. 그럼에도 불구하고 한국의 중국 어부에 대한 처벌 수위가 낮아 중국의 불법 어업이 감소되지 않고 오히려 증대되고 있는 실정이다.

제15차 북경 한중어업공동위원회(2015. 10. 29~10. 30)에서 한국 정부는 한국의 EEZ에서 나포한 불법 조업 중국 어선을 전부 몰수하여 중국 해상경찰에 인도하기로 하고 체포된 선장은 거액의 벌금을 낸 후에야 석방하기로 합의하였다. 아울러 선장이 벌금을 내지 않을 경우에는 선원을 석방조치하여 귀국하게 하는 동시에 선장은 한국에서 강제노역을 하고 선박은 한국 정부가 몰수 처분하도록 합의한 바 있다.[21]

　또한 서해 북방한계선Northern Limited Line(NLL) 인근 해역에서 중국 어선의 불법 조업 행위 증가로 한·중 분쟁이 더욱 가열되고 있다. 한국은 북한내 NLL 부근에서 중국의 불법 어업을 단속하기 위해 한국이 적극 나설 경우 북한과의 해상 충돌을 배제할 수 없는 점을 우려하고 있다.[22] 서해 NLL에서 불법 조업한 중국 어선 수는 2014년 월평균 3,800척에서 2015년 4,900척으로 증가하였으며 특히 성어기인 4~6월 기간 중국 어선의 불법 조업이 최고치에 달하였으며 구체적으로 2015년 경우 8,280척[4월], 1만 540척[5월], 9,540척[6월]이 NLL을 넘나들며 불법 조업을 감행했다.

　2016년 한·중 공동전속경제수역共同專屬經濟水域에서 조업 중인 어선 수는 1,600척에 달할 것으로 예상되고 있다.[23] 그럼에도 불구하고 중국 어선의 불법 조업이 조직화, 규모화, 폭력화되고 있어 이를 단속하고자 하는 한국 경비정과 사투를 벌이고 있는 형편이다. 불법 조업을 차단하기 위해 한·중 양국은 경찰권과 사법권을 지닌 경비체제로 양국의 불법 어업에 대해 공동으로 벌금 부여, 선박 몰수 등의 방법을 취하고 있으나 실효가 많지 않아 향후 군대를 배치할 수 있는 정도의 더욱 강력한 조치가 필요한 상황이다.

한국의 대중 정책 방향

중국은 2015년 5월 26일 국방백서를 발간하면서 "한반도에 존재하는 많은 불확실성은 중국 안보에 불리한 영향을 초래하고 있다"고 기술하여 현재도 한반도가 안정되지 못하고 있다고 판단하고 있다. 이러한 상황 판단에는 중국이 반대하였음에도 북한이 4차 핵실험을 감행하였으며 유엔의 대북 제재가 가동 중에도 북한의 대한국 군사 위협은 줄지 않고 있을 뿐만 아니라 "6자회담은 죽었다"라는 언급도 하고 있는 등 북핵문제 해결 불확실성과 김정은 등장 이후 자국과의 관계가 악화되고 있는 점, 그리고 한국의 THAAD 도입 불예측 등으로 한반도를 불안하게 보고 있다. 이러한 상황에서 한·중 양국 지도자들이 ADIZ 문제를 제외하고 이어도와 EEZ 문제를 조속히 논의하는 데에 합의하였음에도 불구하고 한·중 해양 분쟁은 타협의 여지가 없는 상황으로 장기간 지속될 것으로 예상된다.[24] 그렇기 때문에 한국은 해양 안정과 평화를 위해 현상 유지 가운데 중국에게 공동협력, 개발, 발전 목표를 제시하고 이를 추진하기 위한 정책을 협의한다는 원칙을 설정할 필요가 있다.

1) 한·중 주요 해상 분쟁: 사안별 분리 협상

한국은 중국과 주요 해상 분쟁 문제를 사안별로 분리해서 협상하도록 한다. 한·중 양국이 일괄적으로 해결하는 데 어려움이 많으며 어떤 문제는 제3국(일본 혹은 미국 등)이 관련되어 있기 때문에 양자 협상으로 해결할 수 없기 때문이다. EEZ, 이어도, 대륙붕 등 사안별 기본 방향을 정하는 것이 중요하다. 그렇게 해야 타협의 여지가 있기 때문이다. 중국은 이미 일방적 개발과 공동 개발의 기준은 지질 구조와 주권에 해당되는 사안인가에 따라 개발의 정도를 정하고 있으며 궁극적으로는 가상 중간선 구조에 의거하여 중국에 유리하도록 해양 경계 획정을 결정하려는 전략을 추진하고 있는 것으로 분석되기 때문이다.

2) 한·중 주요 해상 분쟁: 쉬운 문제부터 해결

한국은 중국과의 협상에서 협상이 어려운 사안은 그대로 둔 채로 상대적으로 쉽게 협상할 수 있는 사안을 제시할 필요가 있다. 중국의 불법 조업과 한·중 단속 협력 문제, 해양 사고(수색 및 구조 문제), 해양환경 보호 문제, 방공식별구역 협력 문제, 해군 협력 문제, 황해의 EEZ 문제, 이어도 문제 해결 그리고 해양자원 개발 문제 순으로 협상할 필요가 있다. 한국은 어려운 사안들에 대해서는 중국과 기본적이고 장기적인 일정에 우선 합의하도록 한다.

3) 이어도 문제의 평화적 해결은? 한국의 관할권 인정으로 현상 유지

우선 이어도 문제와 관련, 향후 한·중 양국은 이어도 문제 해

결에 있어 전략적 군사 안보와 경제 이익 요인을 더욱 중시하게 될 것이다. 이는 중국이 이어도 해역을 조어도와 함께 쉽게 양보할 수 없는 자국의 '핵심 이익'의 범주에 포함되어 있는 전략적 기지로 보고 있기 때문이다. 중국의 북해함대(칭다오, 青島)와 동해함대(닝뽀, 寧波)가 태평양으로 진출하기 위해서는 이어도 해역 근방을 통과하여야 하기 때문에 이어도가 해양 전략상 중요한 지역이기 때문이다. 아울러 이어도가 한반도~일본(규슈)~대만~필리핀~말레이시아~베트남을 잇는 중국의 해양 세력권인 제1도련선島連線 안에 포함되어 있기 때문이다.

4) 이어도 문제의 평화적 해결은? 한국의 이어도 방위를 위한 해군력 확대

중국이 향후 이어도 분쟁에서 한국에 대해 군사적 우위를 차지하고 있어 언제든지 이어도 분쟁이 무력시위로까지 확대될 수 있는 가능성을 배제 할 수 없다. 중국은 2013년 11월 동중국해 상공에 방공식별구역ADIZ을 선포했기 때문에 무인기를 띄울 법적인 권한이 있다고 판단하고 있으며 현재 무인기 50여 대를 보유하고 있다. 중국은 이 중 항속거리가 4,000km로 가장 길고 20시간 넘게 연속 비행이 가능한 '이룽翼龍'이 투입에 최적인 기종으로 판단된다.[25] 이러한 중국의 움직임에 대해 한국은 향후 확대된 KADIZ 구역을 실질적으로 관할하기 위해 군사 작전 능력을 충분히 구비할 필요가 있다.

5) 미국의 이어도에 대한 한국의 관할권 인정 사전 확보

이어도 문제로 한·중 분쟁이 무력화될 조짐이 보일 경우, 이어도에 대한 한국의 관할권과 영유권을 미국이 지지할 수 있도록 사전에 미국과의 협력을 확대 강화해둘 필요가 있다. 현재 미국은 한국이 남중국해와 동중국해 문제에 대해 중국과의 갈등에서 미국을 지지하기를 강력히 요구하고 있기 때문이다. 한국은 해양 권익 확보와 이어도의 관할권 유지를 위해서도 미국과의 협력을 가장 중시할 필요가 있다. 미국이 중국과의 해양 분쟁에 있어 한국의 군사력, 주로 주한미군을 강력히 활용하고자 할 경우 남사군도 분쟁에 이어 이어도 분쟁이 가세함으로써 기존의 '미·일 대 중국'이라는 대립 관계가 '한·미 대 중국' 대립 관계까지 가세됨으로써 '한·미·일 대 중'이라는 구도로 한·중 관계가 급격히 악화될 가능성을 배제할 수 없을 것이다.

6) 한·중 황해 EEZ 협상: 서둘지 않는 지혜 견지

향후 한국은 중국과의 협상에서 황해 EEZ 획정에 서두르지 않아야 할 것이다. 그 이유로는 첫째, 한·중 간의 해양 경계 획정을 조속히 타결을 보아야 할 만큼 양국 간 분쟁이 크게 고조되지 않았기 때문이며, 둘째, 영토 및 주권 문제를 박근혜 정부가 처리해야 할 만큼 국내 여론이 성숙되어 있지 않으며 오히려 대부분의 국내 여론은 황해에서의 중국 어선의 불법 조업과 해상 안전, 북한의 위협에 공동 대응하는 협력을 제도화 하는 것이 더욱 긴요하다고 판단하고 있기 때문이며, 셋째, 경계 획정 합의가 되었다고 해서 중국의 불법 어로 행위가 크게 감소될 것이라는 보장도 없기 때문이다. 넷째, 한국이 먼저 서두르면 서두를 수록 중국의 입장을 대폭 수용할 가능성이 크기 때문에 한국이 먼저 수세적인 입장에서 협상에 임할 이유가 없다는 판단 때문이며, 다섯째, 한국으로서는 황해 경계 획정보다는 이어도 문제 해결이 더욱 시급할 것이기 때문이다.

7) 한·중 국제법 의거 협의 합의

한·중 협상이 진전되지 않을 경우, 한국은 중국에게 국제해양법협약United Nations Convention on the Law of Sea(UNCLOS)의 규정에 근거하여 협의하도록 합의할 필요가 있음에 합의하여야 한다.

1. 본 논문은 저자가 2015년 11월 21일 상해 복단대학국제문제연구원(復旦大學國際問題硏究院) 중국여주변국가관계연구중심(中國与周邊國家關係硏究中心)이 주관하는 세미나에서 발표한 "한·중 해양 협력: 현황, 곤경과 협력 방안(中韓海洋合作: 現狀, 困境与合作方案)"을 발췌 수정한 원고임을 밝힙니다.
2. 김성귀, "한국 해양정책 Ocean Korea 21", 한·중 해양협력 포럼 국제회의, 한국해양전략연구소, 2014. 9. 4, 한국해양연구소 소식지, p.7.
3. 우시춘(중국남해연구원), "중국 해양정책과 중·한 해양협력", 한·중 해양협력 포럼 국제회의, 한국해양전략연구소, 2014. 9. 4, 한국해양연구소 소식지, pp.8~9.
4. 정철호, "미국과 중국의 동아시아 해양 전략과 한국의 해양 안보: 미·중간의 남중국해 해양통제권 경쟁과 갈등의 영향", 세종연구소, 세종정책연구 2015-B, p.60.
5. "Statement by the Government of the People's Republic of China on Establishing the East China Sea Air

Defense Identification Zone," Ministry of National Defense of the PRC, http://eng.mod.gov.cn/Press/2013-11/23/content_4476180.htm. Recited from Jun Osawa, China's ADIZ over the East China Sea: A "Great Wall in the Sky?" Brookings: The recent tension Opinion, 2013. 12. 17.; 현재 중국은 자국이 선포한 방공식별구역을 관할할 육상레이더, 공중 급유, 조기경보 및 통제 능력을 다 구비하지 못한 것으로 보인다. 일본은 1969년에 ADIZ를 선포하였다. 일본의 ADIZ 선언에 한국은 즉각적으로 대응하지 않아서 그 후에 한국과 일본 사이에 ADIZ 관련한 분쟁이 크게 발생하지 않았다.

6. Yonhap News, "S. Korea expresses regrets over China's ADIZ," November 25, 2013. http://english.yonhapnews.co.kr/national/2013/11/25/46/0301000000AEN20131125004252315F.html. 1951년 미국이 설정한 KADIZ에는 이어도가 포함되지 않았으며 한국의 이번 조치로 이어도 상공이 KADIZ에 포함되었다. 일본은 1951년에 이미 이어도 상공을 자신의 JADIZ에 포함시켜 왔다.

7. 일본의 경우는 한·일 공군간에 핫라인이 설치되어 있어 협조가 가능하기 때문이다. 한국일보, 2014. 10. 16.

8. 중국은 자국의 영해도 아닌 파라셀군도에서 석유, 가스 개발을 추진, 이에 항의하는 베트남 해군 경비정을 무력으로 쫓아낸 바 있다.

9. "제주의 소리", 한국 합동참모본부, 2013. 12. 2.

10. http://www.asiae.co.kr/news/view.htm?idxno=2013112510115282083

11. 장팅옌(張庭延) 초대 주한 중국대사, 강국망(强國網), 2013. 12. 3; 재인용, 시사저널, 1260호, 2013. 12. 12.

12. 2015년 9월 시진핑 중국 국가주석과 오바마 미국 대통령의 정상 회담에서 미·중 남사군도 문제가 가장 중요한 의제로 등장하지는 않았지만 중국이 지속적으로 남사군도를 포함한 해역에 대해 현상 변경을 감행하고 있어 미·중 해양 분쟁은 이제는 무력시위로 나타나고 있어 양국관계가 서서히 악화되어 왔다.

13. The Korea Herald, "U.S. urges Korea to speak out on China sea dispute," 2015. 6. 4.

14. Ibid.

15. 연합뉴스, 2015. 10. 17.

16. 이기범, "필리핀-중국 남중국해 분쟁의 중재재판 관할권 인정 의미: '자유해' 실현을 위한 전기(轉機)인가," 한국해양전략연구소, KIMS Periscope, 제18호 2015. 11. 11.; 2015년 10월 29일 UN 해양 중재재판소는 "남중국해에서 소위 '9단선'에 의하여 둘러싸인 해양영역과 관련하여 중국이 주장하고 있는 주권적 권리, 관할권 및 역사적 권리는 UN해양법협약에 반하고 법적 효과가 없다"고 판단하였다.

17. 남중국해 문제는 주로 남사군도(Spratly Islands)내의 몇 개의 지형물에 대한 영유권 분쟁이다.

18. 연합뉴스, 2015. 6. 4.

19. 홍눙(중국남해연구원), "중·한 해양경계확정: 중국 입장," 한·중 해양협력 포럼 국제회의, 한국해양전략연구소 주최, 서울, 2014. 9. 4, 한국해양연구소 소식지, p.11.

20. 아주경제, 2015. 5. 29.

21. 한겨레, 2015. 11. 3; 재인용, 환구망(環球網), 2015. 11. 3.

22. 윤석준, "중국 해군력의 현대화와 한국 해군에 대한 영향," 「중국 해군의 증강과 한·미 해군 협력」, 서울, 한국해양전략연구소, 2009, pp.188~190. 재인용 정철호, 「미국과 중국의 동아시아 해양 전략과 한국의 해양안보: 미·중간의 남중국해 해양통제권 경쟁과 갈등의 영향」, 세종연구소, 세종정책연구 2015-B, p.53.

23. 환구망(環球網), 2015. 11. 3.

24. 아시아경제, 2015. 1. 29.

25. South China Morning Post(SCMP), 2015. 6. 13; 재인용, 동아일보, 2015. 6. 15.

Ⅲ

중국의 경제

중국에 진출한 중소기업들은
소요되는 자금을 어떻게 조달한 것인가
금융 환경 변화와 자금 조달 방법

박범홍 전 외환은행 북경지점장, 중국 SunStar 등 제조기업 대표

중국 진출 중소기업의 애로사항

    2002년인가 중소기업 정책을 담당하는 정부 고위직에 있는 분이 중국 진출 중소기업을 지원하고자 대련지역에 와서 현지 진출 기업 대표들을 만나 애로사항을 청취한 바, 대부분의 중소기업 대표들이 현지에서의 금융을 받기가 어려워 한국계 은행들이 이를 해소해 줄 것을 요청하였다. 대련에서의 일정을 마친 정부 고위 관리는 북경에 와서 외환은행 북경지점장^(이하 "외자은행 지점장")을 맡고 있는 필자에게 대련지역의 중소기업 대표들의 애로사항을 얘기하고 왜

중국 진출 한국계 은행들은 현지 진출 중소기업들에게 금융을 제공하지 않는지를 문의했고 이를 위하여 정부가 무엇을 어떻게 지원해야 하는지를 물었다.

은행을 퇴직하고 중국에 진출한 외상투자 생산기업의 대표를 8년째 맡고 있는 필자는 이번엔 중소기업 대표로서 여러 차례에 걸쳐서 중소기업 정책 담당 정부 대표와 중국 진출 중소기업들과의 회의에 참석하여 중국 진출 중소기업들의 애로사항을 듣게 되었다. 10여 년 이상이 지났음에도 내용은 이전에 듣던 내용과 다름없이 중국에서 회사를 경영하는 데에 소요되는 금융을 얻기가 매우 어렵고 한국계 은행들의 금융 지원도 받기가 매우 힘들어 정부 차원의 지원을 요청하는 것이었다.

은행의 고객 추구 형태

한국에 진출한 중국계 은행들은 짧은 시일 내에 대출 자산을 쌓고 영업을 확장하고 있다. 한국에 진출한 중국 은행들이 거래하고 있는 국내의 기업들은 일정 규모 이상의 기업들이고 이러한 기업들에 대한 재무 자료는 공개된 상태이고 여러 신용조사기관에 자료가 적립되어 있어 쉽게 거래의 판단 자료로 이용할 수 있다.

한국에 진출한 다른 외국 은행들도 마찬가지로 재무 자료가 공개되어 있고 신용조사가 비교적 용이한 일정 규모 이상의 기업들을 주거래 대상으로 하여 영업을 해왔다. 국내의 신용조사 신뢰도와 제출된 기업의 재무 자료의 신빙성이 높아짐에 따라 초기에 비해 거래 대상 기업이 대기업 그룹 소속뿐만 아니라 중견기업으로도 내려왔다.

개인의 신용상태 평가도 각 금융기관들의 개개인에 대한 신용평가방법이 개발되고 선진화되어 여러 개인정보를 점수화하여서 신용등급을 매김으로써 신용등급에 따라 쉽고 빠르게 대출의 가능 여부 및 대출 금리 조건을 결정할 수 있게 되어 있다.

은행도 많은 직원들을 거느리고 이윤을 추구하는 하나의 기업으로서 생산성을 높여 이익을 내야 하기 때문에 기업을 대상으로 영업을 함에 있어서 거래의 위험성과 단위당 생산성을 따지는 것은 당연한 일이다. 이렇게 거래의 위험성과 거래단위당 생산성을 따지다 보니 한국에 진출한 외국 은행들이 중견기업 이상의 기업을 거래 대상으로 중요시하는 것을 이해할 수가 있고 쉽게 영업을 하려고 한다고 비난만 할 수는 없는 일이다. 현재 시중 금리 수준이 매우 낮아져서 은행에서 돈을 빌려다 쓰는 기업과 개인은 좋겠지만 은행으로서는 영업 환경이 아주 나빠졌다. 은행이 수익을 내는 영업 부문이 여러 가지 있지만 주된 영업 수익을 내는 대출 자금의 원천을 보면 자본금과 예금이 있다. 예금 이자가 지금처럼 낮으면 은행에다 이자를 생각하고 돈을 맡긴다는 것은 의미가 없기 때문에 다른 대체 투자 수단을 찾아 돈은 가게 마련이고 대출 재원인 예금 수취가 점점 어려워진다. 자본금 중 대출이 가능한 부분은 대출을 하더라도 기대되는 대출 이자 수익이 시중 이자가 높을 때보다 적은 것은 당연지사다. 이러다 보니 은행도 수익을 늘리려고 은행의 영업 경쟁이 더 치열해지고 지금까지보다 신용 상태가 좀 낮은 기업 및 개인에게도 눈을 돌리게 되고 이자 수익 외에 수수료 수입 등 다른 수익원을 적극 찾고 있다.

새로운 금융 솔루션의 대두와 금융 환경 변화

금년부터 크라우드펀딩법이 국회에서 통과되어 이미 30여 개 이상의 크라우드펀딩 회사가 설립되어 영업을 하고 있다. 은행에서 금융 제공을 받을 수 없는 신용등급을 가진 자금 수요자나 대부회사 또는 저축은행에서 고금리의 대출을 쓰는 자금 이용자는 크라우드펀딩 회사를 통하여 자금 공급자인 투자자들에게 적정 중급금리를 주고 소요 자금을 조달할 수가 있게 되었다. 즉 "P2P" 대출로 투자자들은 은행이자보다도 훨씬 높은 이자 수익^{(대}

략 8~10%)을 받을 수 있게 되고 자금 수요자는 은행이 취급하기 어려운 대출로 대출 이자는 좀 높지만 쉽게 자금을 조달할 수가 있게 되었다. 필자도 크라우드펀딩 업계의 상황을 이해하고자 소규모 돈을 크라우드펀딩 회사 두 개의 사업 건에 투자를 해놓고 있는데 이자 수익이 각각 9.5% 수준이고 순조롭게 원리금이 상환되어 오고 있다. 은행금리가 지금과 같이 낮은 수준에서 자금 투자자와 자금 수요자가 크라우드펀딩 회사를 통해 자금을 주고 받는다는 것은 은행의 낮은 금리로 고민하고 있는 투자자와 필요한 돈을 제도권 금융기관에서 대출받지 못하고 있는 중소기업이나 개인 및 신규 창업자, 고금리의 자금을 쓰고 있는 자금 소요자 쌍방에게 아주 매력적인 것이고 앞으로 성장가능성이 아주 높다 할 수 있다.

사업계획 및 수익 모델이 확실하다면 낮은 신용등급으로 은행에서 필요 자금을 조달할 수 없는 사업자들은 앞으로 크라우드펀딩을 통해서 일반투자자들로부터 필요 자금을 조달할 수가 있다. 지금은 크라우드펀딩 회사로부터 조달되는 자금이 건당 규모가 작다 할 수 있지만 앞으로 그 금액도 점차 커질 것으로 확실시 된다. 은행에서 대출받기는 어렵지만 사업성과 수익성이 확실시 되는 사업자는 크라우드펀딩이라는 새로운 방법으로 소요 자금을 찾을 수 있는 방안이 생긴 것이다.

스마트폰이 발전함과 아울러 스마트뱅킹도 급속히 발전하여 이젠 은행 창구에 나가서 처리해야 할 업무가 점점 없어지고 있고 은행 직원과 고객과의 대면 거래가 줄어들어 은행 점포 수도 감소하고 있으며 이에 따라 은행 직원 수도 줄어들고 있다. 필자도 국내에 들어와서 스마트폰을 통해서 모든 은행 업무를 처리하고 있다. 증권 거래를 위해서 증권 계좌를 개설했는데 증권 회사에 갈 필요 없이 제휴 시중 은행에 가서 증권 계좌를 개설하고 그 후부터는 은행 또는 증권 회사에 갈 일이 없이 집에서나 국내외 여행을 가서도 스마트폰으로 은행 간 자금 이체, 증권 매매 등 모든 걸 처리하고 있다. 해외로 출국 시에도 스마트폰으로 미리 외화를 사서 공항에 있는 은행 지점에서 미리 산 외화를 받아서 나갈 수가 있었다. 이젠 멋진 카페가 나의 사무실이 되어 스마트폰과 노트북으로 모든 일상 업무를 처리할 수 있게 된 것이다.

국내의 금융 환경은 핀테크(기술+금융), 슬로뱅킹을 축으로 하는 빠른 금융 혁신이 추진되고 있어 이젠 은행이 단순히 예금을 받고 대출하는 역할로는 경쟁에서 지탱하기가 어렵게 되어 있다. 어느 은행 점포를 가보면 엔터테인먼트 경험과 문화 공간으로 점포를 꾸미며 고객이 다시 찾고 싶은 곳으로 만들고 있다.

중국에서의 은행 거래

위와 같이 국내의 금융 환경이 큰 변화를 이루고 있는데 낯설고 익숙치 못한 중국 환경에서 사업을 하고자 하는 회사 및 개인, 특히 중소기업은 어떻게 대처해야 하는가? 어떻게 하면 필요시 자금을 조달할 수 있을까? 금융 거래를 함에 있어 특히 주의하여야 할 것은 무엇인가?

중국도 이미 우리의 금융 환경과 같은 변화가 와 있고 어느 면에서는 우리보다 훨씬 앞선 부분이 있다. 필자는 오랜 중국 생활을 하면서 개인과 법인 명의로 중국 최대 은행인 공상은행 ICBC, 중국은행BOC 그리고 상해포동발전은행SPDB을 이용해 왔다. 은행 창구에서 처리할 일이 있어 은행을 가보면 고객들로 객장이 늘 만원이 되어 있는데 내 차례를 기다리면서 유심히 보면 창구에서 한 건 처리하는 속도가 여간 긴 시간이 아닐 수 없다. 중국에서 생활하면서 은행 거래를 해 본 사람이면 누구나 느낄 수 있을 것이다. 그러나 아무도 불평하지 않고 묵묵히 기다리다가 순서가 되면 일을 처리하고 간다. 하지만 VIP 우수 고객인 경우는 다르다. 별도 창구가 있거나 방이 있어서 거기서 빠르게 처리해 준다.

법인거래는 한 건 처리하는 데에 더욱 많은 시간이 소요된다. 창구 직원이 확인하여야 할 내용이 많고 또 상급자의 확인과 결재를 받아야 하는 사항도 많고 법인도장^{公章}, 법인 대표의 개인인장 法人人民章, 재무도장^{財務章} 등을 찍어야 할 곳도 많다. 우리와 달리 중국에서는 법인인장, 법인 대표의 개인인장, 재무인장은 중국공안^(경찰)에 신고되어 관리하고 있다. 이러한 인장을 가지고 아무나 은행에 가서 일을 처리할 수 있는 것이 아니다. 미리 은행에 은행 업무 처리를 하기 위하여 왕래하는 직원 명단을 제출하여 증명서를 받은 직원만 동 증명서를 휴대해서 은행에 가서 업무 처리를 할 수 있다. 이와 같이 회사 직원이 사고를 치거나 은행에서 창구 사고를 내는 것을 방지하기 위하여 여러 가지 확인 제도를 두고 있는 것인데 이는 은행이 정한 것이 아니라 대부분 중국인민은행이 정한 은행 업무 처리 방법에 따른 것이다. 이러한 절차를 거치다 보니 은행 업무 처리를 하는 데에 시간이 많이 걸리고 한번 은행에 나가면 한나절 걸리기가 다반사다.

　　이렇다고 해서 중국계 은행들의 업무 처리가 중국 진출 우리 은행들보다 못하다고는 말할 수 없다. 은행 창구에 나가서 처리하는 대면 거래는 불편하다고는 하지만 인터넷뱅킹은 오히려 우리를 넘어 서 있다고 해도 과언이 아니다. 중국 최대 은행인 공상은행의 인터넷뱅킹 사이트에 들어가 보면 국내와 마찬가지로 모든 인터넷뱅킹 업무를 자유자재로 할 수 있다. 특히 여유자금 운용부문에서는 우리보다 훨씬 다양하게 기간별로 운용할 수 있는 '이재理財' 항목이 있는 것을 볼 수 있다. 현 1년 만기 정기예금 금리가 연 1.75% 이지만 '이재'에 투자하면 이자소득세도 내지 않고 연 3~4%의 투자 수익을 받을 수 있다. 그 넓은 중국에서 은련银联 카드 한 장이면 큰 금액의 현금 없이도 생활에 전혀 불편이 없다.

중소기업의 중국에서의 자금 조달상 사업 위험성

국내도 아니고 해외에서 사업을 한다는 것은 정말 어려운 일이다. 작건 크건 기업을 경영함에 있어 중요한 것은 제품의 판매와 기업 경영에 소요되는 자금일 것이다. 중국은 인구도 많고 이에 따라 시장도 크다는 생각에 충분한 준비 없이 중국에 진출하면 아마도 백전백패로 실패할 것이다. 모든 제품이 이젠 제품의 우수성이 없이는 중국의 경쟁에서 살아날 수 없다는 것은 자명한 일이 되었다. 사업이 잘 되면 사업 확장을 위해 자금이 소요되고 사업이 일시적으로 부진해도 자금이 필요하게 된다. 어떤 경우에는 꼭 필요한 때에 작은 자금이 없어 회사 업무가 정지되고 문을 닫게 되는 일이 발생하기도 한다. 회사가 잘 될 때나 회사가 잘 안될 때에 대비하여 모두 사전에 자금 준비를 충분히 하고 있다면 더할 나위 없이 좋지만 사업이란 게 늘 자기 자금으로만 할 수는 없는 일이고 예상치 못하게 자금 소요가 발생할 수 있다.

본국에서 중견기업 이상으로 분류되는 중국 진출 투자기업은 한국에서와 마찬가지로 중국계 은행이나 한국계 은행들에서 찾아와서 돈을 쓰라고 한다. 왜냐하면 그런 기업들은 한국 내에 있는 모회사도 비교적 탄탄하고 중국에 투자한 자회사도 대출용 신용평가를 할 때에 제출된 재무제표도 신뢰성이 가고 다른 신용정보도 쉽게 여러 경로로 파악할 수 있어 은행 내 대출심사에 합격해서 대출을 실행할 수 있기 때문이다. 그러나 한국 내 본사 규모가 그리 크지 않거나 아예 한국 내에 본사가 없는 중소기업이 필요로 하는 자금을 중국에서 은행이나 다른 곳에서 빌린다는 것은 쉬운 일이 아니다.

이럴 때 중소기업들은 은행이 중국에 나와 정작 도와주어야 할 자신들은 돌보지 않고 쉽게 영업을 하려고 한다고 불평을 제기하지만 은행만을 나무랄 일은 아니다. 앞에서 말한 바와 같이 은행도 무슨 자선기관이 아니고 대부분 증권시장에 상장된 하나의 기업으로서 이익을 내고 평가를 받아야 하기 때문에 대출된 돈이 안전하고 단위당 생산성이 높은 곳을 찾아간다고 보면 된다.

중국에서 돈을 빌릴 수 있는 기관

중국에서 중소기업이 돈을 빌리기가 어렵다고 하지만 사전에 준비를 잘 하고 있으면 오히려 쉽게 돈을 빌릴 수 있는 길이 있다고 할 수도 있다. 왜냐하면 돈을 빌려주는 기관이 우리보다 다양해서 자금만 투여되면 회사의 사업이 잘 되고 회사가 발전할 수 있다는 수익 모델 신뢰성을 대출기관에 줄 수만 있다면 돈을 빌릴 수 있는 기회가 있을 것이다.

중국에서 필요시 돈을 빌릴 수 있는 기관으로 말하자면 한국계 은행, 다른 외자은행 그리고 중국계 은행 이외에도 소액대출회사小额贷款公司, 담보회사融资性担保公司, 재무회사财务公司, 금융리스회사金融租赁公司, 전당포典当公司, 보험회사保险公司, 대출중개회사贷款中介公司를 열거할 수가 있다.

중국에서는 대출 업무 허가를 받지 않은 회사는 대출을 할 수 없다. 자금이 있다고 해서 어떤 회사가 다른 회사에게 대출을 하는 것은 원천적으로 원인 무효가 된다. 상해에서 한국투자기업의 중국지역 총괄사장을 맡아 산하에 두 개의 독립법인을 두고 있었는데 상해 가정구에 있는 A법인은 자금 여유가 있고 광동성 불산시에 있는 B법인은 자금 부족이 되어 있었으나 직접 A법인이 B법인 앞으로 자금을 빌려 줄 수가 없어 편법으로 A법인이 은행에 예금을 하고 그 예금을 담보로 은행이 B법인 앞으로 대출을 해주었다. 이런 중국의 금융 제도가 나쁜 것만은 아니다. 기업은 불편할 수 있지만 우리나라에서 흔히 일어나는 상황, 즉 계열사들이 자금으로 서로 얽혀 있어 한 회사가 도산하면 연줄로 계열사가 무너지는 일이 생길 수 없게 제도적으로 막아놓은 것이다.

중국에 나와 있는 외자은행뿐만 아니라 중국계 국영은행인 중국공상은행, 중국은행, 중국건설은행, 중국농업은행, 중국우편은행, 중국계 민영은행인 교통은행, 민생은행, 초상은행, 포동발전은행 등이 대부분 중소기업전담부서中小企业贷款中心를 두고 중소기업 거래 유치를 위해서 영업 활동을 열심히 하고 있다. 은행 외에도 소액대출회사小额贷款公司, 재무회사财务公司, 금융리스회사金融租赁公司 또한 마찬가지다. 특이한 것은 우리의 전당포에 해당하는 전당공사典当公司도 중소기업 앞 대출을 하고 있다. 부동산이나 설비를 담보로 대출금의 월 2~3% 이자를 받고 대출을 하고 있다.

대출시 부동산 담보의 중요성 변화

은행뿐만 아니라 이러한 회사들도 대출시 우선 부동산 담보를 요구한다. 부동산 담보가 없으면 자금을 빌리는 것은 매우 어렵다. 어느 해 대출을 타진하기 위하여 한 담보 회사를 찾아간 일이 있었다. 역시 담보 얘기를 꺼내길래 부동산 담보가 있으면 금리가 싼 은행으로 가지 무엇하러 금리가 비싼 담보 회사를 찾아왔겠느냐고 담보 회사 부사장에게 말한 바가 있었는데 사실은 부동산 담보가 있더라도 은행에서 대출을 받을 수 없는 시기가 온 것이다. 전에는 부동산 담보가 있으면 중국계 은행에서 대부분 대출을 받을 수 있었지만 이젠 우선 재무제표가 은행의 신용평가 기준 내에 들어야 하고 그리고 나서 부동산 담보가 필요한 것이다. 신용평가가 은행의 기준에 미치지 못하면 부동산 담보가 있더라도 추가로 담보공사의 대출 담보를 받아오라고 하기 때문에 담보공사를 찾게 되는 것이다.

담보공사의 이용

담보공사 중 융자성담보공사融资性担保公司는 지방감독부문으로부터 담보영업허가融资性担保机构经营许可证를 받고 담보공사 관리방법融资性担保公司暂行办法, 담보공사 감독방법融资性担保公司监管暂行办法 규정에 따라 영업범위, 자본금 및 담보보증비의 규제를 받으며 영업을 하고 있다. 대출 보증, 어음 보증, 무역금융 보증 및 프로젝트 보증 등의 업무를 주로 하고 있으며 일반적으로 보증 금액의 1.8~2.5% 정도를 보증료로 받고 있다.

담보공사 중 비융자성담보공사非融资性担保公司는 감독부문의 사전 영업허가가 필요 없는 회사로 일시적으로 필요로 하는 단기자금을 대출해 주는 일종의 고리高利 회사로 보증 업무를 취급할 수가 없다. 일반적으로 2주간 돈을 쓰면 대출금의 2~2.5%, 3주간에 3%, 한 달에 4% 정도의 고리를 받고 있다.

융자성담보공사融资性担保公司는 여러 중국계 은행들과 업무 협력 관계를 갖고 있고 은행은 대출 심사에서 신용 상태가 좀 부족한 대출신청 회사에게 협력 관계를 갖고 있는 담보공사를 소개하고 담보공사는 그런 회사에 대출담보보증을 해주고 있다. 직접 담보공사를 접촉하면 대출담보보증 제공을 위한 심사를 한 후에 협력 은행으로부터 대출을 받도록 주선해 준다. 제조회사의 경우 공장 부동산 이외에 투자한 설비가 많고 과거 2~3년간의 재무제표 내용이 좋으면 설비를 담보로 대출을 받기도 하지만 대출기관은 대부분 부동산 담보를 선호한다. 필자가 맡고 있던 북경에 소재한 한국의 한 제조회사는 대기업인 중국 및 대만계 TFT LCD/LED 패널 및 모듈 제조회사의 협력회사로 모듈의 주요 부품을 공급하는 중소기업이다. 2008년 금융위기가 온 이래 이 회사뿐만 아니라 관련산업 협력회사들이 어려움에 처해 모두 자금 조달이 시급한 상황에 처해 있었다. 이 회사도 자금 조달이 시급하여 여러 중국계 은행들을 접촉하였지만 이 회사 신용등급이 회사의 제품을 받는 TFT LCD/LED 패널 및 모듈 제조업체와 같기 때문에 대출이 어렵다고 모두 거절을 당했다. 당시 금융위기로 인하여 이 회사 제품을 받는 중국 대기업의 은행평가 신용등급을 은행들이 모두 대폭 내렸기 때문이다. 모두 매출이 40% 이상 급감하고 동 대기업들은 한 달에 손실금이 1억 위엔(약 200억 원) 이상 발생하고 있고 이 회사도 큰 폭의 적자를 보고 있어서 향후 이 산업의 추세를 모르는 상황에서 은행들만 탓할 수는 없는 것이었다. 이런 어려운 시기에 필자가 북경 외자은행 지점장 때 알고 가까이 지내던 중국 지인이 함께 중국계 은행 지점장을 방문하는 자리를 만들었는데 그 자리에서 회사 상황을 솔직하고 자세하게 설명하고 대출을 검토해 달라고 요청하였다. 일주일 후에 동 지점장이 회사를 찾아와서 공장을 돌아본 후에 설명해 준 회사 내용과 제출된 재무자료가 아주 자세하고 솔직하여 회사 상황을 충분히 이해했다고 하면서 제출된 자료대로 하면 대출이 불가능하지만 평가에 지점장이 고려하는 비계수 요인이 있는데 비계수 요인에 필자의 외자은행 북경지점장 경력을 신용평가상 비 계수점수로 올려서 대출을 해주겠다고 하였다. 지인의 소개, 즉 꽌시关系가 효력을 발휘한 것이다.

1년 후 대출금 1000만 위엔^(약 18억 원)이 만기가 되었는데 회사의 신용 상태와 TFT-LCD/LED 업계가 상황이 안 좋아 그대로 대출금을 연장해 줄 수가 없다고 한다. 난감해 하는 필자에게 담보 회사의 대출금 보증을 받으면 대출금을 연장해 줄 수 있는데 협력 관계에 있는 담보 회사를 소개해 주겠다고 한다. 중국의 은행 업무 규정대로 일단 대출금 1000만 위엔을 갚아야 한다기에 다른 거래선은 이런 큰 자금을 어떻게 별도로 준비하느냐고 물어보니까 대출금을 갚고 신규 대출금을 받는 2~3주간 사용하는 대출^(브리지론)을 소개해주겠다고 한다. 이렇게 은행의 주선으로 소개받은 담보 회사로부터 대출금 담보 보증을 받고 또 소개받은 투자 회사로부터 브리지론_{过桥贷款} 1000만 위엔을 빌려 은행 대출금을 갚고 2주 후에 대출금을 다시 받아 투자 회사로부터 빌린 돈을 갚게 되었다. 투자 회사가 필자 회사에 1000만 위엔이라는 적지 않은 자금을 빌려주는 절차는 의외로 간단하여 우리 사무실에 와서 은행 지점장에게 전화를 걸어 대출금을 상환하면 2주 정도 후에 대출금이 나오느냐고 확인 후 한 장의 차입신청서에 회사인감과 회사 사장 서명으로 즉시 1000만 위엔을 회사 계좌로 입금하여 주었다. 이렇게 은행 지점장과 확인 전화 한 통으로 1000만 위엔의 큰 자금을 대출해 준다는 것은 평소 담보 회사, 투자 회사, 은행간의 긴밀한 관계를 짐작할 수가 있다. 여기에서 이용한 담보공사가 앞에서 말한 융자성담보공

사이고 투자 회사는 단기자금을 융통해주는 비융자성담보공사를
말한다.

리스금융회사의 이용

　　리스금융회사金融租赁公司는 공장 부동산 담보는 필요 없고 오
직 설비만을 이용하여 기업 앞 자금을 공급하고 있다. 많이 이용하
는 방법은 설비를 금융리스회사 앞으로 매각하여 매각 대금을 받
고 일정기간 그 설비를 재임차하여 사용하면서 그 기간 동안 리스
료를 지급하고 기간 경과 후 설비 소유권을 재 취득하는 방법이다.
즉 설비의 'sale & lease' 방법인데 이러한 리스 방법을 통해서 기업
의 새로운 장비 구매 대금이나 운영 자금을 확보할 수 있다. 이러한
방법을 통해서 자금을 조달하면 자금 코스트가 월 2% 이상으로
높다. 제조판매 수익성이 높아 이익이 많이 나는 회사가 이런 방법
으로 자금을 조달하면 지급 리스료가 전부 비용 처리가 되어 법인
소득세를 적게 내게 되어 높은 자금 조달 코스트를 상쇄할 수가 있
어 자금 조달의 하나의 방법이 된다. 그러나 이익이 나지 않는 회사
가 이런 방법으로 자금 조달을 하면 지급 비용이 너무 커서 당장은
자금이 들어와서 한숨을 돌리겠지만 회사 경영이 계속 좋지 않으면

회사의 경영이 악화되어 회사 생존 문제와 결부되게 된다.

소액대출회사^{小额贷款公司}의 이용

주로 중소기업과 개인에게 대출을 해주는데 회사의 공신력과 거래 안전성을 위해서 회사 설립에 엄격한 제한을 두고 있다. 회사 주 발기인은 반드시 기업이어야 하고 그 발기기업은 순자산이 3000만 위엔 이상으로 자산부채비율이 70% 이하 연속 2년 흑자 등의 조건에 맞아야 하며 주 발기인과 관련주주의 지분이 합계 30% 이내 기타 출자자와 그 관련 출자의 합계가 10%를 초과할 수 없다고 규정하고 있어 출자자 일부가 회사를 좌지우지 못하도록 하는 장치를 두고 있다. 주식형 회사는 자본금 3000만 위엔 이상, 유한회사는 2000만 위엔 이상의 자본금을 출자하도록 하고 있다.

대출중개회사의 이용

국내의 캐피탈 회사와 성격이 일부 비슷한 대출중개회사^{贷款中介公司}가 중국에서 성업하고 있다. 정식으로 법적 승인을 받고 대출

중개 업무를 하고 있다. 대출중개회사라고 해서 몇 명이 모여서 하는 단순 대출 브로커라고 생각한다면 오산이다. 회사 내부에 은행처럼 대출 심사 기능이 있어 대출 중개를 받으려면 은행에 내는 서류와 같은 회사 소개서, 재무제표 등을 제출해야 하고 재무제표를 보고 대출이 가능하다고 판단되면 협력 은행과 접촉하여 대출을 주선해 준다. 대출중개회사는 대출이 성사되면 중개수수료를 받을 수 있기 때문에 협력관계에 있는 여러 은행을 접촉하여 어떻게든지 대출이 성사되도록 노력한다. 대출중개회사와 여러 협력 은행의 간부와는 긴밀한 관계로 연결되어 있어 은행을 직접 접촉하는 경우 안 되는 대출도 될 수 있도록 하기 때문에 직접 은행에 서류를 내는 것보다 대출중개회사를 통해서 하는 것이 대출 성사의 가능성이 높다 할 수 있다. 수수료는 대출 성사 후 대부분 대출 금액의 2~3%를 요구하고 있다.

중국의 최대 검색 포탈인 'baidu.com^(百度)'에 들어가서 대관망_{优款网}, 신대망_{信贷网}, 차대망_{借贷网}, 대관중망_{优款中介}을 검색해 보면 중국 전국에 얼마나 많은 대출중개회사가 있는지 알 수가 있는데 이렇게 많은 대출중개회사가 성업하고 있다는 것은 은행이 대출 수요를 다 흡수하지 못하고 이런 대출중개회사를 이용하는 고객들이 많다는 것을 의미한다. 이렇게 대출중개회사를 이용하는 것은 자금 조달 코스트가 중개수수료인 2~3% 만큼 올라가지만 비용을 고려

하지 않는다면 여러 은행을 접촉하느라 많은 정력과 시간을 낭비하는 것보다 어느 면에서는 편리한 경우도 있다.

P2P 대출 및 투자

앞에서 국내 금융 환경 변화 부분에서 언급한 'P2P' 투자 및 대출을 살펴보면, 중국은 이 분야에서는 우리보다 아주 앞서 가 있다. 우리나라는 크라우드펀딩법이 금년 초부터 시행되면서 P2P 투자 및 대출이 막 시작하는 단계이지만 중국에서 이 분야는 이미 오래 전부터 활성화되어 있다. 중국 인터넷 검색포탈 'baidu.com'에 들어가서 P2P网贷平台, P2P贷款平台 또는 P2P理财平台를 쳐보면 중국 전국에 이미 2000여 개의 P2P 투자 및 대출을 주선하는 회사가 있는 것을 볼 수 있다. 자본금 규모가 크고 주선 실적이 큰 대표적인 인터넷 사이트 网平台를 소개하면 陆金所(lu.com), 宜人贷(yirendai.com), 红岭创投(my089.com), 人人贷(we.com), 爱投资(itouzi.com), 有利网(yooli.com), 拍拍贷(ppdai.com), 积木盒子贷网(jimu.com), 合拍在线(he-pai.cn), 投哪网(touna.cn), 易融贷网(yrd100.com) 등이 있다. 대출을 쓰는 사람은 우리의 중급 금리 9~14% 내외로 돈을 쓰고 또 돈을 투자하는 사람은 현재 1년 만기 정기예금금리 1.75%보다 훨씬 높은

8~13%의 투자 수익을 받을 수 있다. 참고로 중국에는 우리나라에 있는 이자소득세가 없다.

크라우드펀딩에 의한 자금 조달

크라우드펀딩은 중국어로 众筹(zhongchou)라 하는데 대부분 인터넷으로 비즈니스를 하고 있으며 P2P 인터넷 사이트와 크라우드펀딩 인터넷 사이트의 시장조사를 전문적으로 행하고 있는 希财网(xicai wang, www.csai.cn)의 시장조사 발표에 의하면 2015년 상반기에 중국에 이미 211개의 크라우드펀딩 회사가 있고 2015년에만 53개의 회사가 설립되었다고 한다. 동 크라우드펀딩 회사들은 대부분 베이징, 상하이, 광저우에 있다고 한다. 주요 크라우드펀딩 인터넷 사이트 众筹网平台로 알려진 众筹网(zhongchou.com), 京东众筹网(z.jd.com), 淘宝众筹网(hi.taobao.com), 云筹网(yunchou.com), 资本汇网(ziben365.com), 大伙投网(dahuotou.lofter.com), 人人投网(renrentou.com), 点名时间(demohour.com), 天使汇网(angelcrunch.com), 青橘众筹网(qingju.com), 追梦网(dreammore.com), 原始会网(yuanshihui.com), 合作中国网(hehuozg.com), 鸣金网(mingin.com), 大家投网(dajiatou.com) 등을 들 수 있다. 追梦网은 2010년에 창립되었고, 大家投网은 2012년에 설립되었다. 이러한 크라우드펀딩 회사(众筹网平台)들

은 공익 부문, 영화, 음악, 서적 출판, 오락, 과학기술, 설계, 동화, 농업, 기타 등에서 자금 조성을 해주고 있고 또 투자가들은 이에 투자를 해서 은행 예금보다 훨씬 높은 수익을 올리고 있다.

위와 같은 P2P 인터넷 사이트와 크라우드펀딩 사이트는 돈을 빌리려고 하는 개인이나 기업 모두 이용할 수 있지만 어떤 사이트는 기업은 받지 않고 개인만 이용할 수 있기 때문에 각 사이트 별로 연구를 잘 해봐야 한다. 크라우드펀딩 회사는 회사별로 전공이 있어 음악은 음악, 영화는 영화 사업에 중점을 두고 있어서 자기가 종사하고 있는 사업 업종에 맞춰서 접촉을 해야만 자금 조달에 성공할 가능성이 높다. 또 여유 자금을 투자할 수도 있다.

중소기업 경영자가 중국에서 자금 조달을 위해 어떻게 노력하여야 하는가

지금까지 중국에서 사업을 하는 중소기업들이 필요 시 자금을 빌릴 수 있는 루트渠道에 대해서 설명을 했다. 어느 루트를 통하든 간에 돈을 빌려주는 측이 요구하는 것은 대동소이하다고 할 수 있다. 돈을 빌려주는 측은 당연히 원금과 이자를 문제없이 회수할 수 있는지의 위험 부담을 평가할 것이다. 자금을 빌리려고 하는 측은 돈을 빌려주는 측에게 빌린 원금과 이자를 상환 계획대로 갚을 수 있다는 믿음을 주어야 한다.

국내에서도 회사가 크든 작든 자금이 필요한 경우 제때에 빌리기가 쉽지 않은데 중국에서 사업을 하는 경우, 필요 자금을 조달하는 게 더욱 어렵다. 중소기업은 중국에서 사업을 하는 경우, 돈 때문에 사업을 접게 되는 상황에 이르지 않도록 아래와 같이 사전에 준비를 철저히 해야 한다.

첫째, 사업 경영자는 평판에 주의를 해서 대외적으로 늘 신뢰감과 좋은 인상을 심어주어야 한다. 언젠가 필요한 자금을 빌려야 하는 때가 있게 되는데 경영자가 평소 신뢰감이 있는 좋은 이미지를 갖고 있어야만 돈을 빌려주는 기관도 쉽게 접촉할 수가 있게 되고 회사를 긍정적으로 보게 된다. 돈을 빌려주는 곳은 본인들이 받은 인상과 아울러 다른 곳에 이 사람이 어떤 사람인지 신뢰성을 타진한다는 것을 기억해야 한다.

둘째, 회사에 관하여서는 모든 사실을 진실되게 말해야 한다. 미혼 남녀가 맞선을 보러 가기 전에 옷맵시도 가꾸고 화장도 하고 상대방에게 호감을 줄 수 있도록 노력한다. 아무리 가꾸고 가꾸더라도 가꿈 속에 있는 진실은 변하지 않는다. 첫만남에 상대방에게 호감을 주고 계속해서 상대방을 만나고 싶어하도록 하는 인상을 주지만 진실이 좋지 않으면 계속해서 인연을 이어갈 수가 없게 된다.

회사의 상황을 소개 시 회사의 좋은 점만을 얘기하고 후에 좋지 않은 내용을 알게 되면 오히려 회사를 부정적으로 보게 되고 경영자에 대한 신뢰감이 떨어지게 된다. 모든 걸 솔직하고 자세하게 설명을 해서 경영자의 신뢰감과 아울러 모든 회사의 자료가 진실하다는 것을 보여 주어야 한다. 회사 진실을 솔직하게 밝히지 않으면 자료는 영속성이 있기 때문에 다음에는 진실되지 못한 앞의 자료를 맞추기 위하여 다시 진실되지 못한 자료를 보충하게 된다.

셋째, 매출처, 매입처, 매입가격, 매출가격, 원가내용, 각종 재무표, 향후 회사의 계획 등 회사의 관련 자료를 늘 자세하게 챙겨서 누가 물어도 즉시 답변할 수 있도록 항상 최신 자료로 회사 소개서를 만들어 둔다. 이것은 대외적으로 회사 경영자를 신뢰하게 하고 자금이 필요하게 된 경우 현재 상황이 좀 나쁘더라도 대출기관으로 하여금 회사를 긍정적으로 보게 한다. 대출 가능성을 타진하기 위하여 어느 대출기관과 협의 시 그 기관이 요청하는 자료를 상세히 즉시 제출하는 것과 시간이 오래 걸려 제출하는 것은 그 기관에 주는 신뢰성에 큰 차이가 있다. 금방 상세 자료를 제출하면 회사 관리가 잘 되고 있다는 것을 보여주는 것으로 경영자에 대한 신뢰감도 더하게 된다.

넷째, 평소 회사 경영상 아무런 문제가 없을 때 대출관련 은행 및 담보회사 등의 담당자들과 교분 관계를 넓혀 회사로 초청하여 회사를 소개하고 회사 밖의 활동을 통해서 회사업무와 관계없이 친분 관계를 높여둔다. 친구 사이에서도 늘 만나던 친구이면 뭔가 부탁하기가 쉬운데 오랫동안 연락이 없다가 갑자기 연락을 해서 부탁하기가 뭔가 좀 개운치가 않고 또 그 친구도 통 연락이 없다가 갑자기 오랜만에 연락이 와서 뭔가 부탁을 받으면 선뜻 대답을 주기가 어렵다. 평소 회사 상황이 좋을 때부터 친분 관계가 두텁고 회사를 잘 이해하고 있으면 회사와 경영자를 긍정적으로 보고 필요시 도움을 청하고 도움을 받기가 수월하다.

　　다섯째, 작건 크건 간에 주변의 중국 정부 관계자와 얼굴을 대하는 기회를 넓혀 당장 필요가 없더라도 친분 관계를 가져서 회사의 우군으로 만들어 둔다. 관련 중국기관이 회의를 개최하여 참석을 요청하는 경우 적극적으로 참석하여 명함을 교환하고 안면을 넓히고 그 후 재차 접촉하여 친분을 쌓도록 한다. 지역사회에 공헌하는 자세를 가져 지역의 중국 인사들을 회사의 우군으로 만든다. 회사 직원들이 접촉하는 곳이더라도 가끔 직접 찾아 가거나 회사를 방문하도록 초청하여 안면을 넓히고 친분 관계를 맺도록 한다. 그들을 통해서 주변 중국계 은행이나 담보회사 등을 소개받을 수 있고 소개받은 금융기관 직원들과도 교분 관계를 갖고 친분을 쌓을 수 있게 된다. 당장은 회사에 필요하지 않지만 향후 자금이 필요하게 되는 경우 돈을 빌리는 데 큰 힘이 될 수 있다.

　　여섯째, 당장 은행에 자금을 요청할 필요가 없더라도 중국 진출 여러 한국계 은행 직원들과 교분 관계를 갖도록 노력해야 한다. 평소 은행 직원들을 회사로 초청하여 회사를 소개하는 시간을 갖고 회사가 속한 산업의 현황, 회사의 업무 현황, 향후 발전 계획 등을 설명하여 회사의 상황을 이해시키도록 한다.

일곱째, 평소 돈을 빌릴 수 있는 루트에 대한 연구를 철저히 해 놔야 한다. 중국계 은행 중 중소기업 대출을 중요시하고 비교적 대출이 용이한 은행에 대한 조사, 은행 대출 시 대출 담보 보증을 제공할 수 있는 담보공사와 담보 조건에 대한 조사, 소액대출공사의 대출 가능성 여부, P2P 대출의 가능성에 연구 및 접촉, 크라우드펀딩을 주선하는 회사에 대한 조사 및 접촉, 한국계 은행의 대출 조건 등을 조사하여 회사가 어떤 상황에서 필요한 자금을 어떤 조건이면 빌릴 수 있는지를 평소에 철저히 검토해 두어야 한다. 또한 대출 가능성이 있는 곳을 찾으면 그 기관을 접촉하여 방문하고 또 회사로 초청하여 그들이 회사를 이해하고 경영자를 신뢰할 수 있는 기반을 다져 둔다. 꽌시关系라는 게 큰 것만은 아니고 밑으로부터의 작은 것으로부터도 생길 수 있는 것이다.

여덟째, 대외적인 접촉을 하는 직원들도 경영자를 대신한 회사의 얼굴이기 때문에 대외적인 신뢰감이 손상되지 않도록 주의해야 한다. 앞으로 대출 가능성이 있는 루트를 개척하기 위해 그런 기관들과의 접촉을 늘리고 친분을 쌓는 활동에 경영자가 일일이 다 다닐 수는 없다. 경영자를 대리하여 직원들을 보내는 경우도 많은데 경영자가 높여놓은 신뢰감을 어느 한 순간 다 깨어버릴 수가 있기 때문이다.

아홉째, 대외적으로 접촉하고 활동하는 데에 중국어를 잘하면 더욱 좋겠지만 그렇지 못한 경우 훌륭한 통역 직원을 써야 한다. 중국인 통역 직원들이 한국어의 뉘앙스를 잘 이해하지 못하여 의미가 다른 뜻으로 통역을 하는 경우도 비일비재하다. 통역을 잘못하여 그동안 쌓아 올린 신뢰감에 금이 갈 수가 있기 때문이다.

열째, 돈에 관련된 은행 거래에 관련하여 중소기업들이 극히 주의해야 할 사항은 직원들을 믿고 일하는 것과 위험 관리를 철저히 하는 것을 분리하여 분명히 해야 하는 점이다. 앞에서 이야기한 것처럼 은행 거래를 할 때 법인도장, 법인 대표의 개인인장, 재무도장 등을 찍어야 할 곳도 많다. 이런 도장들은 회사가 발행하는 수표에 찍고 대외적인 계약서 및 회사공문에도 찍는다. 평상시에는 경영자인 법인 대표가 법인도장과 법인 대표의 개인인장을 반드시 직접 보관하여 필요시 재무 직원이나 다른 직원이 문서를 가져오면 찍어 줘야 한다. 일시 귀국하거나 출장을 가는 경우에는 미리 필요한 도장날인과 회사 대표 서명을 해 주고 떠나야 하고 직원을 믿는다고 도장을 맡기고 가서는 안 된다. 오래 전에 상하이에 있는 우리 중소기업이 중국인 부사장을 아주 신뢰하여 도장을 그에게 맡기고 일을 했는데 그는 한국인 사장 몰래 수표를 거액 발행하여 돈을 썼고 중국 채권자들이 회사 앞 수표대금 지급청구를 하고 회사가 이를 갚지 못하여 채권자들이 회사를 사기죄로 고소하였다. 공안에 의해 사기죄로 입건된 한국인 사장은 본인은 수표 발행 사실을 몰랐고 중국인 부사장이 수표를 발행하여 받은 돈은 개인이 썼기 때문에 회사와는 관계없다고 항변했으나 형사재판 결과 중국인 부사장과 함께 사기죄로 장기간의 징역형 선고를 받아 상해 외국인감옥에서 수형 생활을 보냈다. 필자가 다른 일로 상해 외국인 형무소를 방문했을 때 그 분을 만나 사건 내용을 직접 들은 바 있다.

부동산 담보 취득의 문제

중국에서 은행들이 대출을 실행함에 있어 부동산 담보를 요구하고 있지만 부동산 담보가 대출을 받을 수 있음을 보증해 주는 것은 아니다. 한국계 은행들뿐만 아니라 외자은행들은 부동산 담보 취득에 신중하다. 왜냐하면 대출에 문제가 있어서 담보 부동산을 처분하여 채권을 회수한다는 게 그리 쉽지가 않다. 민사판결, 강제 집행, 담보 부동산 경매에 관한 법률은 있지만 법률 외적인 원인으로 실제로 담보 부동산을 처분하는 데 많은 시간이 걸리고 회수율이 아주 낮다.

한 예로, 필자가 맡고 있던 회사가 제품을 납품하던 중국 회사가 2012년 10월에 도산하여 제품 대금 460만 위엔(약 780백 만원 상당)을 받지 못했고 동 회사의 공장 부동산은 우선 채권자들인 은행에 의해 강제집행에 의한 경매를 진행해 왔으나 4년이 지난 지금 현재도 어떤 이유인지 경매가 끝나지 않아서 채권자인 필자 회사도 경매낙찰에 따른 배당금 여부도 확인하지 못하고 있다. 북경에 있는 한 외상투자 생산법인이 원재료 구입을 위해 원재료 공급상에게 생산설비를 담보로 제공했고 원재료 대금을 지불하지 못하여 동 원재료 공급상이 2013년 12월 소송을 제기하여 승소 후 생산설비 강제집행 경매를 하고자 하였으나 동 외상투자 생산법인이 입주하고 있는 임대 공장 주인이 다른 채권을 주장하며 다른 채권자들과 합세하고 누구도 공장 출입을 하지 못하게 하여 3년이 지난 지금까지 실제로 경매 처분을 하지 못하고 있다.

기업가가 대출기관으로부터 돈을 빌리려면

중국에서 사업을 하면서 자금 조달이 어렵다고 정부기관에 읍소를 해도 정부기관이 직접 대출을 하는 것도 아니고 은행에 대출을 강요할 수도 없기 때문에 크게 기대할 바가 없다. 앞에서도 언급했듯이 은행도 기업이기 때문에 원금 이자를 안전하게 회수할 수 있고 또 수익성도 어느 정도 확보가 되어야만 대출을 하는데 그걸 강요할 수는 없고 돈을 빌리려고 하는 회사가 회사의 각종 자료, 회사 현황 및 향후 전망을 진실되게 작성하여 기업이 은행에 빌린 돈을 안전하게 돌려줄 수 있고 또 은행에도 수익이 있다는 신뢰감과 확신감을 주어야만 한다.

기본적으로 어떤 대출기관도 자체적으로 대출 고객에 대한 신용평가방법이 있어서 그 기준에 미달하면 이젠 부동산 담보가 있더라도 대출해 주기 어렵게 되어 있다. 중국 진출 한국계 지점에서 대출을 못 받는다고 그들을 비난만 할 수 없다. 지점장은 영업담당 현지 최고 책임자라 생각하면 된다. 어지간한 대출은 상위 심사 부서로 넘어가서 승인을 받아야만 대출을 실행할 수 있다. 신용평가점수도 각 요소가 점수화되어 있어서 회사가 제출한 자료를 근거로 점수화하기 때문에 이런 사실을 안다면 회사 경영자는 경영 상태를 투명하게 해서 은행에 제출되는 자료가 아주 진실성이 있도록 하여야 하고 대외적으로 믿을 수 있는 경영자가 되어야 한다. 그리고 대출을 받은 돈이 어떻게 회사 경영에 쓰여져서 어떤 현금 흐름 cash flow 으로 대출금을 상환할 수 있는지를 확인시켜주어야 한다. 이러한 은행의 입장은 본인이 돈이 있어 어느 사업자에게 돈을 빌려주려고 할 때 위험성과 수익성을 생각한다면 자명해진다.

디지털 산업을 통해
세계 제패에 나선 중국

'인터넷이 모든 것'인 시대인 중국

김영진 신구대학교 비즈니스중국어과 교수 겸 글로벌센타장

요즘 중국에서는 '인터넷 사고思維'라는 말이 계속 뜨거운 화두로 세간을 풍미하고 있다. 인터넷 사고라는 것은 한 마디로 만사를 인터넷과 연관시켜 생각하자는 얘기라고 이해하면 된다. '인터넷+(플러스)'라는 말도 마찬가지다. 인터넷에다 무엇이든 갖다 걸기만 하면 인터넷 시대의 새로운 산물이 나온다는 것이다.

중국의 올해 춘제春節(구정) 때는 인터넷과 세뱃돈(훙바오, 紅包)을 연계시킨 '인터넷 세뱃돈'이 대유행했다. 설 전날인 2월 7일 하루 동안 중국 포털사이트 텅쉰騰訊(텐센트)의 모바일 메신저인 웨이신微信을 통해 무려 4억 2,000만 명의 중국인이 세뱃돈을 주고받았을 정도

다. 세뱃돈 결제 건수만 자그마치 80억 8,000만 건을 기록했다.

　지난 2014년 텅쉰이 한 번 클릭으로 5,000위안(약 91만 5,000원)까지 송금할 수 있는 모바일 세뱃돈 서비스를 처음 시작한 이래 올 들어 본격적인 인터넷 세뱃돈 시대가 열리게 됐다. 이는 중국에서 인터넷과 연결시키면 안 되는 일이 없다는 것을 증명하는 단적인 사례라고 해도 좋다.

　인터넷의 발명이 '불의 재발견'으로까지 비견되는 오늘날 특별히 중국은 인터넷을 통해 '새 세상'을 만났다고 해도 과언이 아니다. 중국의 인터넷 발전이 얼마나 신속한지를 보여주는 사례는 얼마든지 찾을 수 있다.

　중국에서 IT(정보기술) 분야에 종사하는 한국인들은 중국의 인터넷 산업이 베이징 올림픽이 열린 지난 2008년의 단계에서 이미 한국을 넘어섰다는 사실을 현장에서 증언하고 있다. 한국이 앞서간다고 여기는 인터넷 관련 지식을 중국인들 앞에 꺼냈다가는 그야말로 '공자 앞에서 문자 쓰는 꼴'이 되고 만다는 실토가 나온다. 한국인들은 중국이 인터넷 분야에서 한국을 멀찌감치 따돌리고 있다는 사실조차 모르고 있을 뿐더러 이를 인정하려 들지도 않는다는 개탄의 목소리도 없지 않다.

　이를 뒷받침하는 실례도 많다. 우선 최근 중국 스마트폰 업계의 총아로 떠오른 샤오미小米를 꼽을 수 있다. 지난해 창업 5주년을 맞은 샤오미는 가격 대비 성능과 저가격 제품을 표방해 일약 중국 최대 스마트폰 제조업체 중 하나로 올라섰다. 글로벌 시장에서 늘 5위권에 오르내리고 있다. '대륙의 실수'가 아닌 '대륙의 기적'이라는 말도 만들어냈다. 그동안 형성된 샤오미 열성 팬들만 무려 1억 5,000만 명을 헤아린다.

창업 5년 만에 삼성, 애플과 어깨를 겨루게 된 샤오미의 경영 비결은 바로 철저한 '인터넷 사고'에 있다. 샤오미는 자체 공장도 없이 글로벌 분업 체제로 굴러간다. 전자상거래를 통한 직접 판매 위주의 마케팅을 하기 때문에 유통 단계가 단축되고 영업비용이 최소화된다.

철저한 인터넷 사고를 통해 샤오미는 우세한 가격 대비 성능^(가성비)을 실현했다. 또 열성 팬들 사이의 구전을 통해 판매되는 전대미문의 '샤오미 모델'을 중국에서 구현해 보이고 있다. 애플이나 삼성은 판매 수입의 5~10%를 영업비용으로 지출해야 하지만 샤오미는 이와 비교할 수 없을 정도로 적은 영업비용을 쓴다. 판매 채널도 전자상거래 플랫폼을 사용하므로 채널 비용을 크게 절약해 높은 가격 대비 성능을 실현할 수 있게 된 것이다.

샤오미는 지금 일반 서민도 부담 없이 살 수 있다. 그럼에도 품질은 글로벌 브랜드와 겨룰 수 있는 스마트폰의 '새 국가대표 상품^{新國貨}' 이미지를 구축해 가는 단계까지 와 있다. 인터넷 사고 중심의 '샤오미 모델'은 더 나아가 중국 제조업의 스마트화를 위한 복제 가능한 길을 제시하고 있다는 평가를 받는다. 샤오미의 창업자 레이쥔雷軍은 이에 대해 이렇게 자신감 넘치게 설명한다.

"제조업에 공장이나 조립 라인이 꼭 필요한 것은 아니다. 제품 디자인, 연구 개발, 영업 내지 인터넷 서비스 등이 제조업의 부가가치를 더욱 높이는 부분이자 스마트 제조의 관건이다. 신형 제조업, 스마트 제조업은 큰 규모에 모든 것을 갖출 필요가 없다. 전체 산업 체인과 연결되지 않아도 상관없다. 기업은 가장 전문적인 분야에 몰두할 수 있으면 된다."

공장 없는 샤오미는 앞으로 영업 서비스와 연구 개발에 더욱 집중할 계획이라는 레이쥔 회장. 그의 평범한 듯하면서도 인터넷 사고의 핵심을 건드리는 마지막 말을 들어보자.

"샤오미 스마트폰의 구매는 바로 샤오미 서비스 향유의 시작이다. 고객들로 하여금 입으로 소문내도록 만드는 것이 최상의 영업이자 성공의 열쇠다."(올해 초 런민르바오 보도)

자체의 온라인 쇼핑몰을 구축해 제품을 판매하는 샤오미는 직거래를 통해 제품의 가격을 낮추고 고객을 직접 관리하는 획기적인 인터넷 사고 바탕의 기업 경영 신화를 계속 써내려갈 것으로 보인다.

후발 주자인 샤오미의 최대 약점으로 흔히 기술력과 특허의 부족을 든다. 하지만 샤오미는 지난 5년 동안 이미 6,000여 건의 특허를 신청해 왔고 신제품을 출시하기 전에 1년~1년 반의 연구 개발 기간을 갖는 것으로 알려져 있다.

중국에서 2015년은 인터넷 사고의 총아로 각광받는 스마트폰 브랜드 발전이 두드러진 한 해였다. 시장조사업체 트렌드포스의 2015년 글로벌 스마트폰 출하량 통계에 따르면, 지난해 출하된 중국산 스마트폰은 총 5억 3,900만 대에 달했다. 글로벌 시장 점유율 40%를 초과했다. 이는 삼성과 애플을 합친 물량에 접근한다. 성장 속도에서는 글로벌 평균을 웃도는 수준이다. 중국산 스마트폰이 글로벌 시장의 절반 가까이를 차지하는 시대가 온 것이다. 샤오미뿐 아니라 최근 들어 괄목할 성과를 거두는 오포와 비보의 약진까지 더하면 더욱 그렇다고 해야 한다.

그 결과 세계 각지에서 중국산 휴대폰 광고가 나타나고, 외국 드라마에서도 중국산 휴대폰을 발견할 수 있게 됐다. 이제 스마트폰은 중국의 '민족 브랜드'라는 자긍심과 함께 중국 브랜드 수출의 간판 격으로까지 부상하기에 이르렀다.

물론 지난해 전 세계에서 팔린 중국산 스마트폰은 대부분 중저가 제품이었다. 고급과 중저가의 경계선인 3,000위안(약 55만 원) 미만의 제품이 많이 팔렸다는 얘기가 된다. 즉 애플이 지난 2014년 아이폰 5S를 출시할 때 내놓은 가격보다 낮았다는 뜻이다. 이는 달리 말해 중국산 스마트폰이 여전히 국내시장 의존적일 뿐 아니라 아직 수출과는 거리가 멀다는 것을 말한다. 그나마 화웨이華爲와 중싱中興이 기술력으로 해외 스마트폰 시장에서 버티고 있지만, 중국산 휴대폰의 해외 판로는 여전히 병목에 걸려 있다.

병목의 핵심은 말할 것도 없이 특허기술과 판매 채널이다. 지난해 중국 업체들은 해외에서 몇 차례 특허 소송에 휘말렸다. 그 결과 몇몇 중국 휴대폰 브랜드는 해외에서 이미지 손상을 크게 입었다. 역시 스마트폰과 같은 과학기술 제품의 글로벌 경쟁은 장기적인 마라톤 경기라고 할 수 있다. 기술력, 특허 축적, 인력자원, 기술 혁신 등과 같은 기초 실력의 바탕 없는 해외진출 노력은 모두 공염불에 불화하다는 자성의 목소리도 중국에서 나오고 있는 것은 바로이 때문이라고 해야 한다.

그러나 최근 들어서는 달라지고 있기도 하다. 화웨이가 삼성과 애플에게 특허기술과 관련한 소송을 제기하는 것을 보면 그렇다고 해야 한다. 이제 자국의 제품이 세계 최고라는 인식을 하고 있다는 얘기로 보인다.

물론 아직 중국 브랜드들이 가야 할 길은 멀다. 관련 제품의 비교는 역시 품질과 체험을 통해 이루어진다. 고급 브랜드의 경계선인 3,000위안 이상으로 팔리는 외국산 휴대폰은 품질과 서비스 면에서 여전히 힘을 발휘한다는 것을 중국 기업들도 깨달아 알고 있다. 이 점이 극복해야 할 과제라는 것 역시 크게 다르지 않다. 노력하고 있는 만큼 조만간 결실을 거둘 것으로 관측되고 있다.

인터넷 사고에 뛰어난 중국인들은 그동안 인터넷 대국의 길을 걸었다. 네티즌 약 7억 명, 스마트폰 사용자 6억 명 이상, 1억 2,000여만에 달하는 모바일 인터넷 이용자 등으로 모두 세계 최대 규모를 자랑한다. 도메인 수와 웹사이트 수 및 인터넷 기업 수에서도 전 세계를 선도한다.

글로벌 20대 웹사이트 가운데는 바이두百度, 텅쉰, 알리바바阿里巴巴, 신랑新浪·써우후搜狐 등이 포함돼 있다. 또 글로벌 10대 인터넷 기업에는 화웨이, 중싱, 롄샹聯想 등 3개 업체가 당당히 진입해 있다. 온라인 쇼핑과 같은 소비 인터넷의 경우 중국인 이용자가 3억 명을 넘는다. 지난 2014년 연간 쇼핑 액수는 3조 위안(약 549조 원)을 초과했다. 또 전자상거래 규모는 15조 위안(약 2745조 원)을 돌파했다.

그럼에도 중국은 '인터넷 강국'이 되기에는 아직 멀었다는 자체 평가를 내리고 있다. 정보화 수준이 글로벌 70위 이하인데다 광대역의 기초시설과 보급이 낙후돼 있고 자주적인 이노베이션 능력도 부족하다는 것을 인정한다. 원천 기술이나 기초시설 부족에도 불구하고 실용화와 응용 능력이 뛰어난 중국의 인터넷 산업은 역시 중국인들 특유의 뱃심으로 부족한 부분을 극복할 것이 확실해 보인다.

중국은 올 들어 전기자동차 배터리 개발 업체에게 주던 보조금을 중단하기로 결정했다. 배터리가 생명인 전기자동차 업체에 대한 보조금을 중단했다는 것은 예사 일이 아니다. 중요한 것은 이 같은 조치를 취한 당국의 입장이다. 이번 조치는 배터리 개발 업체의 산업 경쟁력을 높이기 위한 것이므로 해당 기업에 나쁠 것이 없으며, "이를 통해 앞으로 치고 나갈 선두주자들이 등장할 것"이라고 태연하게 설명하는 중국 관료들의 낙천적 자세는 과연 어디서 나오는 것일까.

사실 중국 스마트폰 시장에서 지금으로부터 5년 전인 2011년 당시만 해도 선두기업은 아직 존재하지도 않았다. 하지만 2011~2015년 사이 기술력을 끌어올리면서 갑자기 중국 스마트폰 업계가 고성장을 구가하게 된다. 오늘날 중국은 글로벌 스마트폰 시장 점유율 40%에다 글로벌 자동차 시장의 27%, 전기자동차 시장의 56%를 각각 차지할 정도로 한참 치고 올라간 상태다.

지난 2011년 이후 중국에서 줄곧 스마트폰 판매 1위를 달리던 삼성전자가 2014년 3분기 샤오미에게 처음으로 밀린 건 역사적인 사건이라고 할 만하다. 그해 4분기에는 애플에게 2위 자리를 물려주고 3위로 내려갔다. 작년 4분기부터는 아예 5위권 밖으로 내몰리고 말았다. 글로벌 시장에서 가장 많은 휴대폰을 판매한 삼성이 중국 시장에서 당한 이런 수모를 어떻게 설명해야 할까.

샤오미는 지난해 중국에서 가장 많은 6,750만 대의 스마트폰을 팔았다. 시장점유율 15.4%. 지난해 글로벌 판매량 '1억 대 클럽'에 든 2위의 화웨이는 6,220만 대(14.2%)를 기록했다. 애플은 4,950만 대(11.3%)로 3위를 지켰다. 4위와 5위는 중국 업체 비보Vivo와 오포Oppo가 차지했다. 애플을 제외한 4개 중국 업체들을 합친 글로벌 점유율은 46%에 육박한다.

글로벌 벤더들은 지난해 중국 시장에서 총 4억 2,760만 대의 스마트폰을 출하했다. 전년 대비 불과 2% 증가한 것이다. 최저 증가율 기록이다.

시장조사업체 캐널리스 차이나의 조사책임자 니콜 펑에 따르면, 올해 중국 시장에서 스마트폰 판매량은 5~7% 증가할 것으로 예상된다. 이동통신사들의 신기술 도입과 소비자들의 프리미엄 제품 선호를 증가 요인으로 꼽았다. 실제로 중국이동통신中國移動通信은 올해 보이스 오버 LTE 기술을 채용한 스마트폰을 출하할 예정이다. VoLTE 기술이라는 것은 음성서비스를 인터넷 데이터와 함께 송신함으로써 시간이 아닌 온라인 점유율에 따라 요금을 산정하는 획기적 방식을 말한다. 기술력에서 자신을 얻은 중국 업체들은 이같은 소비자들의 고성능 제품 선호 추세에 부응하면서 평균 판매가의 인상을 노리고 있는 것으로 분석된다. 특히 화웨이와 샤오미는 현재 정체기에 들어간 스마트폰 시장에서 다음 세대 스마트폰, 즉 신

세대 디바이스를 내세워 새로운 디자인에다 고품질, 고가제품을 도입할 계획인 것으로 알려져 있다.

샤오미의 공동 창업자인 리완창黎萬强은 지난 1월 2016년 플래그십 제품으로 미5Mi5 스마트폰을 2월 22일 스페인의 바르셀로나에서 열린 세계모바일콩그레스MWC에서 선보일 예정이라고 호언한 바 있다. 실제로 그렇게 했다. 호언은 적중했다. 새 제품은 디자인, 성능, 품질 면에서 경쟁사들을 눌렀다는 평가를 받은 것이다.

샤오미에 맞서는 화웨이는 지난해 플래그십 제품 메이트8Mate8에 힘입어 안정 성장을 구가했다. 특히 이 제품은 북부지방의 혹한 날씨에서 거뜬히 버팀으로써 휴대폰 작동이 중지된 애플의 코를 납작하게 만들기도 했다. 지난해 글로벌 시장에 1억 대의 스마트폰을 출하한 화웨이는 그중 60% 이상을 중국 시장에서 판매했다.

애플과 삼성도 올해 중국의 프리미엄 시장을 겨냥, 대당 600달러 이상의 고가품으로 승부를 걸 계획인 것으로 알려졌다. 주목되는 것은 글로벌 프리미엄 시장을 겨냥한 스마트폰 업체들의 치열한 경쟁을 뚫고 샤오미가 과연 해외시장 진출에 성공할 수 있느냐의 여부다.

최근 들어 부닥치고 있는 한국 스마트폰 산업의 어려움은 중국 제품을 중심으로 한 중저가품에서 절대판매량이 나오는 데 있다는 지적이 나온다. "좀 더 탄탄하고 촘촘한 마케팅이 필요하다"

는 주문이 쏟아진다. 거대 스마트폰 기업들도 낮아진 기술 장벽에다 치고 올라오는 후발 기업들을 상대하기가 갈수록 어려워진다. 전쟁처럼 변화무쌍한 스마트폰 시장에서 전략 변화가 시급하다는 지적은 너무도 당연하다.

이같은 상황에서 중국 화웨이는 지난해 프리미엄 시장의 성장 가능성을 간파하고 전략적으로 프리미엄 휴대폰에 집중한 결과, 불황 속에서 상대적으로 많은 이윤을 올리는 성과를 거뒀다는 평가를 받는다.

애플의 사례도 있다. 애플은 지난 2014년 당시만 해도 중국 스마트폰 시장에서 6위로 밀려나 있었다. 그러나 지난해 아이폰6 시리즈의 높은 인기에 힘입어 삼성을 제치고 오히려 3위로 치고 올라갔다.

IDC의 최신 보고서에 따르면, 글로벌 프리미엄 시장 점유율은 2014년의 18%에서 2015년 16%로 감소했을 것으로 예측됐다. 글로벌 경기 위축으로 가장 큰 타격을 받은 분야가 바로 프리미엄 시장이라는 분석이다.

삼성전자의 경우 지난해 4분기 글로벌 스마트폰 시장에서 19.5%의 점유율로 세계 1위를 차지했다. 하지만 삼성전자 스마트폰 사업부의 매출은 103조 5,000억 원으로 전년대비 7% 가량 줄었다. 또 영업이익은 10조 1,000억 원으로 무려 30% 이상 감소했다. 이같은 상황은 시장점유율을 유지해도 수익성은 감소한다는 사실을 의미한다. 실제 삼성 스마트폰의 평균 판매단가는 지난 2013년 220달러까지 올랐다가 지난해 180달러 중반까지 내려갔다.

스마트폰 업계에서는 이같은 현상을 두고 중국산 저가 스마트폰의 융단폭격 때문이라고 입을 모은다. 중국 스마트폰 업체들의 가성비 높은 제품 출시에 한국 제조업체들이 직격탄을 받는다는 것이다. 이에 따라 한국 업계는 앞으로 스마트폰 업체들의 수익성 감소에 따른 지각변동이 불가피할 것으로 전망한다.

스마트폰 성능의 상향 평준화와 중국산 저가 스마트폰의 출현에 따른 지각변동에 맞설 한국 업체들의 대응책은 무엇인가? 삼성의 경우 지난해 중국에서 당기순손실을 기록할 정도로 저조한 실적을 보였다. 스마트폰의 판매 부진이 원흉이었다. 그럼에도 불구하고 삼성전자는 중국 현지 업체들과 가격경쟁을 하지 않고 프리미엄 제품으로 승부한다는 계획인 것으로 알려졌다.

스마트폰 성능의 상향 평준화 속에서도 업체들 간의 기술 경쟁은 더욱 치열해질 전망이다. 예를 들어, 올해 말까지 약 40%의 스마트폰이 '지문 인식 센서' 기능을 탑재할 것으로 전문가들은 예상하고 있다. 지문 터치만으로 결제가 이루어지는 첨단기술이다. 모바일 페이 시장이 확대될 것에 대비한 스마트폰 업계의 당연한 자구 노력의 일환이다.

LG전자는 지난 번 바르셀로나 MWC에서 전략 프리미엄폰 G5를 전격 공개했다. 중국에서도 지난 4월 발매를 시작, 선풍적인 인기를 모았다. 중국에서는 거의 지리멸렬 상태라는 LG전자가 다시 살아나고 있다는 말을 듣는 것도 이 때문이라고 해야 한다.

중국이 인터넷 사고의 무한한 발양을 통해 중국의 3차 산업 혁명을 본격적으로 추진하겠다는 구체적인 움직임이 올해 들어 나타났다. 지난 2월 1일 전통 제조업과 최첨단 IT 기술의 접목으로 산업 선진화를 추진하기 위한 '산업인터넷연맹'이란 단체가 베이징에서 탄생한 것이다. 제조업과 IT 기업, 관련 협회 등을 회원으로 하는 산업인터넷연맹은 '산업의 인터넷화' 실현을 위한 기술과 방법을 공동으로 연구 개발하고 표준화 작업, 시범 프로젝트 추진, 공공서비스 플랫폼 조성 등 다양한 작업에 동참해 중국 산업 전반의 발전을 모색하자는 취지로 중국 정부의 주도 하에 출범했다.

먀오웨이苗圩 중국 공업정보화부 부장은 연맹 창립식에서 "산업의 인터넷화는 이미 산업 강국의 제조업 선진화, 제조업 경쟁의 우위 확보를 위한 최우선 선택지가 됐다"며 "오늘 출범한 산업인터넷연맹이 정부기관과 기업 간 소통의 창구이자 제조업과 정보통신업체 간 '경계를 뛰어넘는' 융합의 장, 국내외 기업의 협력의 무대가 되길 바란다"고 말했다.

중국 정부는 지속 가능한 성장을 위한 새 성장 동력을 찾아

'인터넷 플러스'와 '중국 제조 2050'을 표방하고 있다. 모두 인터넷 사고를 기반으로 한 새로운 산업혁명 추진을 그 핵심으로 하고 있다. 이를 실현하기 위해 중국 정부가 내세우는 '대중 창업'과 '만인 혁신'은 인터넷 사고를 통한 혁신 패러다임의 확산을 겨냥한 것이다.

세계 최대 전자상거래업체인 알리바바의 창업자 마윈馬雲은 산하에 1,200만 개의 입점 업체를 거느리고 있다. 모두가 웹사이트를 사용해 온라인으로 물건을 팔고 고객과 소통하는 소형 기업들이다. 그는 말한다. "중국에서 이들 소형 기업체들은 온라인으로 물건을 팔고 사업을 한다. 중국에서 할 수 있다면 다른 나라에서 하지 못할 이유가 없지 않은가?"

모바일 인터넷 산업에서는 더욱 중국의 기세가 드높다. 오포와 비보가 샤오미를 대체하려는 움직임을 보이는 것은 이런 분위기를 잘 대변하지 않나 싶다. 문제는 이런 역동성이 앞으로도 계속될 것이라는 사실에 있다. 산업 규모도 엄청나게 커질 것으로 기대되고 있다. 한국 기업들이 이제는 우리가 중국을 따라잡을 때라는 인식을 가져야 할 상황이 도래하지 않았나 싶다.

중국은 지금 '인터넷이 모든 것Internet is everything'인 시대다. 우리 역시 이런 자세를 가지지 않으면 중국이 인터넷의 모든 걸 가지는 현실을 지켜보고만 있어야 할지 모른다.

중국 경제의 현주소

이념의 방황

한동훈 가톨릭대학교 국제학부 교수

문제 제기

중국이 1978년 말 개혁개방을 시작한 지 38년이 지났다. 그동안 중국은 세계 최빈국으로부터 출발하여 10%에 육박하는 연평균 성장률을 기록하면서 GDP 세계 2위의 경제대국, 1인당 소득 8천 달러의 중등소득국가가 되었다. 인민폐로 계산한 GDP를 달러 GDP로 환산할 때 시장환율을 사용하지 않고 물가 수준의 차이를 반영한 구매력평가purchasing power parity 환율을 적용하여 계산하면 중국의 GDP는 이미 미국을 추월했다는 연구 결과도 있다. 그러나

GDP 성장률은 2014년에 7% 대에 진입한 후 다음 해인 2015년에는 6%대인 6.9%로 주저앉았고 2016년 상반기에는 6.7%, 하반기에는 6.6%로 수직 낙하하고 있다. 향후 중국 경제가 어떻게 될 것인가에 대해서는 경착륙을 예측하는 사람들도 있고 연착륙을 예측하는 의견도 있다.

　　한 가지 분명한 점은 중국 경제의 초고속 성장시대는 이제 확실히 종결되었다는 것이다. 남은 과제는 중고속 성장세라도 잘 지켜 나가며 고속 성장 시기를 최대한 연장하는 것으로 보인다. 한국의 경우 1961년에 경제 개발을 시작하여 고도성장을 지속하다가 1990년대 중반에 이르러서는 성장률 7%가 무너진 후 5년마다 1%씩 성장률이 감소해 왔다. 한국의 경우를 단순하게 중국에 비추어 보면 2020년경에 중국의 성장률은 5%대에 진입하고 2025년경에는 4%대로 주저앉게 될 것이며, 2030년경에는 3%대에 진입하여 마침내 저속 성장 시대에 진입하게 될 것이다. 이렇게 보면 이제 중국에게 남은 시간은 불과 10여 년이라는 어림짐작이 가능하다. 따라서 향후 10여 년이 중국의 미래를 결정짓는 결정적 시기가 될 것이며 중국이 이 시기를 어떻게 보내는지가 중국 경제의 앞날을 좌우하게 될 것이다. 개혁개방이 시작된 이후 중국 경제의 성공 요인은 무엇이고 어떻게 변모해 왔는가를 회고해 봄으로써 중국 경제의 향방을 전망해 보고자 한다.

덩샤오핑 시대

　　개혁개방의 총설계자 덩샤오핑이 한 일 가운데 핵심적인 것은 경제 자원에 대한 재산권을 되찾아 준 것이라고 할 수 있다. 덩샤오핑이 장쩌민에게 나라를 맡기고 1997년 서거할 때까지 이룬 업적을 한마디로 표현하면 사회주의 시장경제 체제를 기본적으로 수립시켜 놓은 것이라고 할 수 있다. 자원배분의 방식을 계획경제에서 시장경제로 바꾸어 놓은 것이다. 계획경제에서 출발하여 계획과 시장이 공존하는 소위 쌍궤제雙軌制를 거쳐 마침내 시장경제에 안착하였다고 하는 것이 중국 경제를 다루는 모든 교과서에 나와 있는 설명이다.

　　그런데 중국 경제가 시장경제로 전환하는 과정을 짚어 보며 곰곰히 생각해 보건대, 아마도 경제 자원에 주인을 찾아주는 작업 즉 재산권 수립이 그 근본 원인이 아닐까 하는 생각이 든다. 개혁의 시작은 농촌 인민공사의 농토를 농민들에게 나누어 주어 경작하게 한 것이었다. 불과 5년 만에 중국은 식량 문제를 완전히 해결하였다. 비록 불완전한 재산권이지만 농토에 주인을 찾아 주는 방식의 개혁이 문제 해결의 핵심이었다. 수확된 농산물 가운데 목표량만큼을 국가에 팔고 나머지를 자유로이 처분하는 과정에서 농촌 시장이 생겨나고 커나갔다. 재산권의 수립이 결국 시장경제의 태동과 발전을 가져온 것이다. 사실 재산권이 확립되어 있지 않은 경제에서는 시장

경제가 발전할 수 없다. 시장의 핵심 요소는 경쟁을 통한 가격 형성 인 바, 경쟁은 재산권을 보유한 경제 주체들 사이에 이루어질 수 있는 일이다. 따라서 재산권의 형성이 없이는 시장경제가 형성되고 발전되는 것은 논리적으로 불가능한 것이다.

도시에서는 국유기업에 대해 각종 인센티브제를 실시하여 직원들이 더 열심히 일하도록 하였다. 기업의 직원 개개인이 아닌 직원 공동체가 기업 자산을 활용하여 자신들의 이익을 추구할 수 있도록 했으므로 재산권의 형성이라는 측면에서 볼 때는 비록 농촌에서만큼 철저하지는 않았지만, 이러한 인센티브 부여 방식의 국유기업 개혁은 준(準)재산권의 수립 시도 정도로 평가할 수 있을 것이다. 후에 1990년대 전반에는 현대기업제도를 추진하면서 이런 방식의 개혁 실험은 중지되었다. 그뿐 아니라 처음에는 개체호, 이어서 사영기업이 생겨날 수 있도록 용인하는 정책에 힘입어 경제 내에 재산권이 확립된 부문이 점차 확대되어 갔다. 개체호는 원래 농촌으로 하방(下放) 되었다가 도시로 복귀한 지식 청년들에게 일자리를 마련해 주는 것이 어렵게 되자 이들에게 창업할 기회를 부여한 것이 시작이었다. 사회주의 사회에서 개인이 기업을 소유하는 것에 대한 이념적 장애는 종업원 수 8인까지는 가족 노동으로 볼 수 있으므로 자본주의가 아니라는 명분으로 회피할 수 있었다. 그러나 개체기업이 신속하게 발전한 결과 종업원 수 8인을 초과하는 기업들이 속속 생겨났고 이를 자본주의적 기업이라는 의미에서 사영기업으로 명명했다. 결국 사영기업들은 덩샤오핑 시대에 완전히 합법적 지위를 획득할 수 있었다. 이러한 변화는 경제 내에 재산권이 분명한 경제 주체의 비중이 증대함을 의미하는 것이다. 노벨경제학상을 받은 코스^{Coase} 교수는 중국 경제 개혁의 성공 요인에 대해 재산권의 수립이라고 지적한 바 있다.

덩샤오핑은 또한 경제특구를 필두로 한 경제개방을 추진하여 1990년대 초까지는 전 중국을 포함하는 개방정책을 완성시켰다. 경제개방을 통하여 분명한 재산권을 가진 외자기업들이 쏟아져 들어오면서 경제 내에 분명한 재산권을 가진 경제 주체들이 더욱 증가하게 되었다.

덩샤오핑 시대에는 인플레이션, 심한 경기 변동, 부패 등 새로운 경제 현상들이 국민들의 우려를 자아내었고 또한 이러한 문제들이 화근이 되어 천안문사태와 같은 정치적 격변 사태가 발생하기도 하였지만 전반적인 사회 분위기는 새로운 도전에 대한 기대와 잘 살 수 있다는 희망이 팽배해졌다.

장쩌민 시대

장쩌민은 주룽지 총리와 팀을 이루어 덩샤오핑의 개혁 이념을 이어받아 밀고 나갔다. 국유기업에 대해서는 주식회사, 유한책임회사로 전환시키며 기업을 모양으로나마 주주 재산권의 집합으로 변화시켰다. 아울러 증권시장 상장을 통해 기업의 일부 지분이 국가가 아닌 주주에 의해 소유될 수 있도록 했다. 많은 실업자가 발생하는 국유기업 구조조정을 눈물을 머금고 추진하여 국유기업이 점유하고 있던 인적 자원의 일부가 비국유 부문에 의해 활용될 수 있는 길을 열었다. 뿐만 아니라 장쩌민은 "큰 것은 잡고 작은 것은 놓는다抓大放小"는 정책 노선에 따라 큰 국유기업들을 묶어서 기업집단으로 만들어 중앙 정부가 관리하고 작은 기업들은 지방정부의 관리로 돌려 지방정부가 직접 경영하거나 매각하여 사영기업이 되도록 하였다. 농촌의 공유제 기업인 향진 집체기업에 대해서는 주식합작제, 주식제로의 전환을 추진하였고 파산하지 않은 향진기업은 결국 대부분 매각되어 사영기업으로 전환되었다. 한마디로 민진국퇴民進國退의 시대였다.

장쩌민과 주룽지는 또한 국내의 숱한 반대를 물리치고 WTO 가입을 임기 내에 완성함으로써 경제개방에 있어 획기적인 한 획을 그었으며 중국 경제의 글로벌화 및 도약을 위한 토대를 놓았다. WTO 가입 후 중국의 대외무역은 폭발적으로 증가하였고 이에 힘입어 2000년대 들어 중국 경제는 연평균 10% 이상의 폭발적 성장을 구가하였다.

장쩌민 시대 중국의 사회 분위기는 희망에 차 있었다. 우리가 배워야 한다고 우리 언론이 하루가 멀다 하고 보도하던 중국 공무원의 친절하고 적극적인 태도는 바로 이 시대의 일이었다. 개방, 공무원 사회의 관료주의로부터의 탈피, 잘 살아 보자는 희망이 사회를 지배했다. 굳이 중국 역대 왕조에 비유하자면 수도 장안이 세계의 수도로 불릴 만큼 개방적 대제국을 건설했던 당나라를 롤모델로 삼아 대내외적 개방을 힘차게 추진했다고 할 수 있다.

후진타오 시대

2002년 말에 장쩌민과 주룽지로부터 바통을 이어 받은 후진타오와 원자바오는 한마디로 약체 팀이었다. 공전의 경제성장률, 폭발적인 무역액 증가, 낮은 물가상승률, 엄청난 무역수지 흑자와 외환보유고 등 수치상으로만 보면 괄목할 만한 성과를 거두었다고 할 수 있다. 그러나 이러한 엄청난 성과에도 불구하고 정권 교체 후 후진타오 팀을 칭송하는 목소리는 별로 들리지 않는다. 무엇 때문인가? 후진타오 시대의 경제적 성과는 바로 전임자인 장쩌민이 뿌린 씨앗에서 거둔 열매에 불과하기 때문이다. 숱한 반대와 비난을 무릅쓰고 WTO 가입을 실현시켰고 경제개혁을 통해 국유기업 개혁, 사영기업 활성화, 시장경제의 완성, 개방적인 경제 분위기 형성 등을 이루어낸 장쩌민의 노력이 후진타오 시대에 결실을 맺은 것이라고 볼 수 있다. 후진타오 팀은 정말 아무 것도 하지 않았다.

후진타오 시대는 전반적으로 역주행 10년, 잃어버린 10년이라고 평가할 수 있다. 대내적 경제개혁은 멈추었고 추가적인 경제개방도 없었다. 오히려 과거로 회귀하였다. 죽어가던 국유기업들이 살아났고 좀비 국유기업들이 합병을 통해 덩치를 키운 다음 경영이 양호한 사영기업들을 빼앗다시피 강제로 합병하는 일들이 발생하였다. 죽어가던 국유기업들이 회생한 결정적 계기는 2008년 글로벌 금융위기였다. 경기 진작을 위해 중국 정부는 4조 위안 규모의 인프라 투자를 실시하면서 이를 모두 국유기업을 통해 집행하였다. 민간 기업들은 인프라 프로젝트에 국유기업으로부터 하청 받는 형태로 참여할 수 밖에 없었다. 이를 통해 국유기업들은 엄청난 렌트rent 즉 불로소득을 창출할 수 있었다. 국가 부문과 떨어져 독자적으로 성장하던 민간 부문은 다시 국가 부문과 엮이게 되었고 이것은 경제 전반에 대한 국가 부문의 지배력을 강화시켰다. 국가 부문과 엮여 일하게 된 민간 기업들은 관료주의와 부패의 온상인 국유기업들의 부패와 비효율 그리고 대금 회수의 어려움 등의 문제로 엄청난 어려움을 겪게 되었다. 정권 말기에 국유기업 독점 업종 가운데 일부를 개방하여 민간의 진입을 허용한다는 방침을 밝히긴 하였지만 전혀 실천되지 않고 있다. 후진타오 시대의 경제 모델은 국가가 주도하는 자본주의 경제 즉 국가자본주의로 부를 수 있다. 국부민궁國富民窮이라는 용어로 표현되듯이 국가와 민간 사이의 소득 분배에 있어서 국가가 가져가는 몫이 점점 더 커지고 민간의 소득 비중이 하락하여 민간의 소비 능력은 갈수록 위축되었으며, 조화사회라는 캐치 프레이즈가 무색하게 소득 불평등은 갈수록 확대되었다.

후진타오 시대 중국의 분위기는 한마디로 과거 회귀였다. 적극적이고 친절한 공무원상은 옛말이 되었고 관청에서는 공무원들이 민원인들의 상전 지위를 회복하였다. 공무원들은 민간을 도와 문제를 해결해 주기보다는 각종 규제와 관료주의적 규제에서 자기 존재의 의미를 확인하는 데 더 몰두했다. 관청에 출입할 때 느껴지는 분위기는 장쩌민 시대와는 확연히 달랐다. 이러한 현상은 후진타오와 원자바오의 성장 배경에서 충분히 짐작할 수 있는 일이다. 이들은 어린 시절부터 공청단 활동을 하였고 시장경제가 발달한 연해지역보다는 낙후지역을 전전하며 젊은 시절을 보냈다.

지도부의 이러한 성향과 사회 기류를 타고 학계와 관계에서는 소위 신좌파라는 무리가 생겨나 국민들을 호도하였다. 그러나 사실 이러한 신좌파 운동의 뒤에는 기득권 세력이 있었다. 국가 부문을 장악하고 있었던 태자당 등 구 정치 엘리트 기득권 세력은 개혁으로 인한 이권 상실을 우려하고 있었다. 따라서 이들은 사회주의 이념의 수호를 구호로 내걸고 좌파 정치운동을 벌여 자신들의 이익을 지키고자 하였다. 이러한 흐름이 사회 운동으로 이어진 것 가운데 하나가 홍가紅歌 부르기 운동이었다. 각 직장마다 모택동 시대의 사회주의 가요를 연습하여 합창하고 직장 대항 홍가 경연대회가 곳곳에서 개최되었다. 신좌파 운동을 행동으로 과감하게 실천한 대표 주자로 보시라이를 들 수 있다. 그는 충칭에서 지방재정을 과감하게 풀어 서민용 주택을 건설하는 등 소위 충칭모델로 불리는 정부주도형 좌파적 경제발전 모델을 추진하였다. 한편으로는 다헤이打黑로 불리는 범죄와의 전쟁을 벌였는데 이를 통해 그는 대중적 인기와 정치적 주목을 한 몸에 받으면서 부수적으로 민간 부문을 자신의 입맛에 맞게 길들이는 효과를 거두었다고 한다.

후진타오의 다른 과오를 들자면 대외관계에 있어서의 실패다. 대외관계의 지도노선으로서 등소평 시대의 도광양회 방침을 버리고 화평굴기 방침을 채택하였으며 국력이 커가면서 분출되는 민족주의적 성향을 적절히 통제하지 못하고 오히려 이에 휘둘리면서 대부분의 주변 동아시아 국가들과 분쟁을 벌임으로써 미국의 동아시아 회귀 전략에 빌미를 제공하였다.

시진핑 시대

2012년 말에 후진타오로부터 정권을 넘겨받은 시진핑은 태자당 출신으로 경제개혁에서 앞서 가는 연해지역에서 주로 일하면서 젊은 시절을 보냈고 반면에 리커창은 공청단 출신으로서 주로 경제가 낙후된 지역에서 많이 일한 경력을 지니고 있다. 시진핑 정부 출범 초기에 많은 사람들은 시진핑의 경력으로 볼 때 그가 시장 친화적 경제개혁과 대외개방을 다시 힘차게 추진할 것으로 기대하였다. 그러나 집권 4년이 지난 지금 그의 노선은 여전히 불분명한 가운데 있다.

시진핑의 노선 가운데 첫 번째로 꼽을 수 있는 것은 부패와의 전쟁이다. 이를 통해 대중적 인기를 한 몸에 누려 온 그가 이렇게 얻은 인기를 바탕으로 무엇을 하고자 하는지 가늠할 길이 없다. 부패와의 전쟁을 통해 시진핑은 국민적 신망을 획득하고 깨끗한 사회 만들기의 초석을 놓은 것 외에도 국유 부문을 중심으로 과거 정권에서 형성된 기득권 세력을 타파하고 권력 기반을 공고화하는 효과를 거두었다고 할 수 있다.

필자는 초기에 시진핑의 부패와의 전쟁이 진정으로 겨냥하고 있는 것은 국유 부문 기득권 세력의 혁파일 것이며 이를 통해 국유기업 개혁을 위한 장애물을 제거하는 것이 핵심적 의도의 하나일 것으로 추측하였다. 왜냐하면 국유기업의 민영화든 아니면 국유 부문의 기간산업 독점을 해소하여 경쟁 체제를 도입하고 더 나아가 민간 부문의 투자 영역을 확대시켜 주는 것이든 강대한 국유기업의 존재로부터 이득을 얻고 있는 구 정치 엘리트 기득권 세력을 무장해제 시키지 않고서는 국유기업 개혁은 한 발자국도 나가지 못할 것이기 때문이다. 정권 출범 초기에 중국 정부는 자산관리형 지주회사의 도입, 국유기업에 대한 민간 자본의 삼투, 민관협력체제PPP(Public-Private Partnership)의 도입 등을 통해 국유기업을 개혁할 것을 천명하였다. 그러나 4년이 지난 지금까지 국유기업 개혁은 거의 이루어지지 않고 있다고 해도 과언이 아니다. 피상적으로 그럴듯하게 보이는 PPP 사업도 결국은, 의도하였든 아니든, 민간자본을 희생시켜 국유기업을 살리려는 시도에 불과한 것이다. 왜냐하면 이러한 협력 모델은 결국 자금은 민간이 내고 일도 다 하면서 국유기업은 이름만 걸고 대주주가 되는 모습으로 귀결될 것이 분명하기 때문이다. 국유기업의 비효율과 관료주의 등 문제점을 뻔히 알고 있는 민간 기업이 선뜻 국유기업과 이런 식으로 협력하려고 하지는 않을 것이기 때문이다. 지금까지는 약정된 것의 10% 가량만 집행이 이루어졌다고 하는데 이조차도 국유기업의 이름이 주는 간접적 효과를 노리거나 어쩔 수 없이 협력 관계를 맺는 경우가 대부분일 것으로 생각된다. 결국 국유기업 개혁은 전혀 이루어지지 않았다. 시진핑은 국유 부문을 강화하는 것이 정부의 노선이라는 구상을 천명한 적도 있다. 실제로 최근 중국 정부는 인프라 및 각종 투자 프로젝트 일감 몰아주기를 통해 국유기업을 지탱하고 있으며 민간 기업은 국유기업의 하청업자로 포지셔닝 시켜 놓았다. 전체적으로 보아 여러 정부 정책이 서로 상충되는 것들이 있어 그 진정한 의도를 알기 힘든 경우가 있다.

대외경제 관계에 있어서는 위안화 국제화를 지속적으로 추진하고 있으며 IMF의 SDR에 위안화를 편입시키는 데 성공하였다. 대외투자 드라이브를 걸어 최근 중국의 대외투자는 외국 기업의 대중국 투자액을 이미 초과하는 정도까지 발전하였다. 유라시아 대륙을 연결하는 일대일로 정책을 통해 아시아와 유럽을 연결하는 원대한 프로젝트를 발표하여 추진 중에 있다.

시진핑은 집권 초기에 중국의 꿈中國夢이라는 슬로건을 내걸었다. 그 의미에 대해 중국 정부는 한 번도 명쾌한 해설을 내놓은 적이 없다. 아마도 세계 속에서 당당히 굴기하여 중국의 위상을 드높이고 중화민족의 긍지를 되찾자는 민족주의적 호소가 아닌가 생각된다. 지도자로서 국민들을 이끌고 가기 위해서는 원대한 비전의 제시가 필수적이라는 점에서 중국몽이라는 슬로건은 일견 수긍되는 측면이 있다. 그러나 경제적인 면에서 이를 실현시키기 위한 구체적이고 획기적인 개혁 조치는 별로 눈에 띄지 않는다.

대외관계에 있어서 시진핑 정부는 유소작위有所作爲, 즉 적극적으로 세계의 일에 개입하겠다는 의지를 천명하였다. 미국과는 신형대국관계를 내세우며 세계를 이끌어가는 공동 대주주로서의 대등한 지위를 요구하며 미국과 각을 세우고 있다. 동아시아 주변국들과는 남중국해 분쟁을 핵심으로 하여 강하게 대립하고 있다.

시진핑 시대 중국의 사회 분위기는 다소 과거 회귀적으로 보인다. 언론 검열이 후진타오 시대보다 더욱 강화되었으며 관官이 과거에 비해 청렴해지긴 하였지만 대민 서비스 수준이 획기적으로 개선되고 있는 것으로는 보이지 않는다.

시진핑 정부의 국가 운영의 굵직한 측면들을 통해서 시진핑 정부의 정체성을 판단해 본다면 정치적으로는 모택동주의를 추종하며 부패 척결을 통한 깨끗한 사회주의 구현을 지향하는 것으로 보인다. 대외적으로는 민족주의적 슬로건으로 국민들을 단결시키고 이를 바탕으로 세계의 주도 세력으로 도약하려는 야심을 가지고 있는 것으로 보인다. 경제적으로는 시진핑 정부 출범 초기 사람들은 정좌경우政左經右 즉 정치는 좌파, 경제는 우파일 것으로 예상했으나 나타난 결과를 보면 정좌경좌政左經左로 보인다. 애초부터 정치적으로 좌파 이데올로기와 경제적 우파 이데올로기는 양립할 수 없는 것이었을 것이다.

현 정부의 정책 노선을 크게 보면 결국 개혁을 통해 경제적 실력을 쌓는 데 매진하기보다는 경제적으로 중국이 이미 상당 수준에 올랐다는 전제 하에서 중국의 힘을 과시하거나 사회주의적 이념으로 돌아가는 모습을 보이는 것 같다. 문제는 결국 경제적 실력이 이를 뒷받침할 수 있느냐 하는 것인데, 최근 수년간 중국은 특별한 경제체제 개혁을 시도하지 않았다. 구조조정을 핵심 내용으로 하는 리커창 총리의 경제 운영 노선, 즉 리커노믹스도 실종되어 버렸다. 현재 발전 수준으로 보아 중국은 국력을 바탕으로 힘을 과시하고 이념에 빠져들기보다는 경제개혁에 더욱 매진해야 할 때가 아닌가 하는 아쉬움이 든다.

뉴노멀 시대의 중국 경제

시진핑 시대 중국은 중속 성장을 특징으로 하는 뉴노멀 시대에 진입하였다. 그동안 중국의 경제성장을 가져온 요인이 무엇일까 하는 질문에 하나의 답을 제시한다면 경제개혁이라고 말할 수 있을 것이다. 그러나 과연 경제체제를 개혁하는 것만으로 그런 높은 성장률을 그렇게 장기간에 달성할 수 있었을까? 경제체제 개혁은 일종의 제도 개혁인데, 제도 개혁의 효과는 단기간에 소실되어 버리기 마련이다. 추가적인 제도 개혁이 없으면 지속적인 경제성장은 이루어질 수 없다. 경제체제 개혁은 경제발전을 위한 조건이 구비된 상태에서 물꼬를 터주는 역할을 한다는 것이 맞을 것이다.

　　이 문제에 답을 주는 것이 아서 루이스Arthur Lewis의 이원경제론이다. 루이스는 영국의 경제발전 경험을 분석하여 생산성이 낮은 농촌의 농업 분야로부터 생산성이 높은 도시의 공업 분야로 노동력이 이동함으로써 경제발전이 이루어진다는 이론을 제시하였다. 경제발전을 시작하기 이전의 경제가 노동가능 노동력을 풍부하게 보유하고 있는 경우, 도시 공업의 발전을 위해 노동력이 무한정 공급될 수 있기 때문에 도시의 임금은 상승하지 않으며, 따라서 자본의 투자 효율이 높고 이윤율이 높아 지속적 투자가 이루어지며 이것이 고도성장을 지속시킨다. 그러나 농촌 잉여노동력이 고갈되면서부터는 도시 임금이 상승하게 되고 이는 이윤율 저하를 가져와 투자 증가 속도를 늦추게 되며 이에 따라 경제성장률은 서서히 하락하게 된다.

　　중국은 개혁개방을 시작할 때 농촌에 잉여노동력을 풍부하게 보유하고 있었다. 농촌의 자작농 체제로의 개혁은 농촌 노동력이 농업 분야를 떠나서 공업 분야로 이동할 수 있게 물꼬를 터주었다. 노동력 측면에서 중국이 가지고 있었던 또 하나의 강점은 인구 보너스다. 전체 인구 가운데 노동가능 인구의 비중이 큰 인구구조로 인하여 높은 저축률이 가능하였고 이는 높은 투자율을 뒷받침하였다. 결국 중국의 장기 고도성장은 인구적 현상이었던 것이다.

그러나 최근 중국은 이미 농촌 잉여노동력이 고갈되어 임금이 빠르게 상승하는 루이스전환점을 경과한 것으로 판단되며 아울러 노동가능 인구의 비중 뿐 아니라 노동가능 인구의 절대 수량이 감소하여 인구보너스가 상실되는 단계에 진입하였다. 이에 따라 중국은 인구이동에 따라 자동적으로 경제성장이 이루어지는 이원경제모델을 벗어나 생산성 향상에 의해 성장이 이루어지는 신고전파 성장모델의 시대에 진입하였다. 중국의 성장률 하락은 주기적인 현상이 아니라 구조적인 장기 추세로 굳어진 것으로 보아야 한다는 것이다. 2016~2020년 중국의 잠재성장률은 6% 가량으로 추산되며 그 후에는 5년 단위로 1%씩 하락할 것으로 예상되어 중국에 남은 시간은 길지 않은 것으로 생각된다.

인구적 측면에서 볼 때 중국이 덩샤오핑 시대에 경제개혁을 시작할 수 있었던 것은 정말로 행운이었다고 할 수 있다. 중국이 역사상 가장 젊은 인구구조와 풍부한 농촌 잉여노동력을 가지고 있던 시기를 지나서 경제개혁을 시작했다면 오늘날과 같은 경제적 성과는 어려웠을 것이다. 잉여노동력을 활용한 노동집약제품 대량 수출을 통해 자본을 축적한 것이 중국의 발전 모델이라고 할 수 있다. 이렇게 볼 때 경제개혁과 개방을 통해 이러한 성장모델이 작동하도록 물꼬를 터주었다는 점이 덩샤오핑의 가장 큰 공헌이라고 할 수 있다. 장쩌민의 공헌은 이러한 성장모델을 지속적으로 추구하여 완성한 것으로 볼 수 있다.

경제성장은 수요와 공급의 동시적 확대에 의해 이루어진다. 공급 능력을 결정하는 것은 자원(노동, 자본, 자연자원) 투입량과 생산성이다. 생산성은 기술, 제도, 산업구조에 의해 결정된다. 후진타오 시대 성장 정책의 중점은 수요 확대였다. 지나치게 투자 증가에 의존하는 성장 패턴을 극복하기 위해 소비 진작을 꾀하는 수요관리정책이 정책의 중심이었다. 그러나 국가재정, 국유기업, 국가은행으로 이루어진 국가 부문의 약진과 비례한 민간 부문의 위축이라는 현실과 소비 진작이라는 정책 목표는 애당초 양립할 수 없는 것이었다. 이렇게 국가 부문의 강대화와 민간 소비 진작이라는 상호모순적인 목표를 추구하는 사이 공급 측면의 개혁은 정체되었다.

시진핑 시대 성장정책의 중점은 공급 측면으로 전환하였다. 일부 산업의 과잉 생산능력 해소, 기업 부담 감소를 통한 생산비 감축 등을 내용으로 하는 '공급측 개혁'이 성장정책의 중점이 된 것이다. 이러한 방향 전환은 정확한 것으로 판단된다. 문제는 공급측 개혁이 제대로 된 정책에 의해 뒷받침되고 있는가 하는 것이다. 뉴노멀 시대 중국의 경제성장은 결국 기술 발전, 제도 개선, 산업구조 고도화를 통해 생산성 향상에 의해 이루어져야 하는데 이 가운데 핵심은 제도 개선이라고 생각된다. 왜냐하면 기술 발전과 산업구조 고도화는 효율적인 시장 메커니즘에 의해 뒷받침되는 것이기 때문이다. 아울러 제도 개선의 핵심은 국유기업 개혁과 시장경제의 완성으로 생각된다. 왜냐하면 경제자원의 35% 이상을 차지하고 생산의 25% 가량을 차지하는 국유기업 부문의 생산성 향상은 그 자체로도 중요하지만 기간산업을 독점적으로 장악하고 있으며 각종 특권을 향유하면서 경제 전체의 효율 향상을 저해하고 있기 때문이다. 뿐만 아니라 국유기업은 관련을 맺고 있는 민간 기업들의 정상적, 효율적 운영을 저해하고 있기 때문이다.

지금 중국 정부는 추가적인 시장화 개혁과 국유기업 개혁 등 제도개혁을 통한 생산성 향상을 등한시한 채 국가 역량에 의존한 기술개발을 밀어 붙이고 있다. 그러나 국유기업의 비효율과 나태함 등을 고려할 때 이것이 얼마나 효과를 거둘지는 의문시 된다. 또한 대중 창업을 격려하는 정책은 민간의 활력을 경제발전을 위해 활용한다는 측면에서 보면 바람직한 것이지만 이런 정도의 정책이 경제발전에 얼마나 도움이 될까 하는 것은 의문이다. 국가 부문과 민간 부문은 독립하여 존재하는 것이 아니라 서로 긴밀히 연관되어 있기 때문에 국가 부문의 개혁 없이 민간 부문의 성장은 쉽지 않을 것이다. 최근 국유기업은 열악한 재정 상태에도 불구하고 빚을 내서 투자하고 민간은 풍부한 여유자금을 가지고 있으면서도 투자를 하지 않는 현상이 이를 잘 대변해 준다. 전자상거래, IT, 부동산 등 일부 분야에 민간 자본의 투자가 국한되어 있는 현재의 상황을 타파하

지 않고는 민간 자본이 더 투자할 곳이 없다는 것이다. 국가 부문의
축소 없이 민간 부문의 발전은 어렵다는 것이다.

마무리

　　중국은 이미 고속 성장 시대를 마감하고 중고속 성장 시대에
진입하였다. 인구적 측면이나 장기 성장 추세로 볼 때 저속 성장 시
대에 진입하기까지는 길어야 15년 가량 남은 것으로 보인다. 따라서
향후 5년, 10년은 중국 경제의 장기 성장에 관건적인 기간이 될 것
이며 이 기간에 시장경제의 완성과 국유 부문 개혁 등 중요한 개혁
과제를 완성하지 않으면 매우 어려운 상황에 처하게 될 것이다. 그
러나 우려되는 것은 최근 중국에서 발생하고 있는 양상은 이념이
경제를 압도하는 이념과잉 상황으로 보인다는 것이다. 경제발전이
일정 단계에 이르게 되면 그 후부터는 사회체제, 이념, 사회 분위기,
지적 능력, 국제화 수준, 정치적 민주화, 사법체제 등 무형의 사회적
자산이 더욱 중요해 지는 것이 일반적이다. 따라서 경직되고 배타적
인 사회 분위기, 관 본위의 사회 체제, 비효율적인 경제체제를 털어
내는 것이 경제발전의 핵심이 될 것이다.

중국의 금융 산업과 외국 금융사

중국 주식시장 개방과 위기론

서봉교 동덕여자대학교 중국학과 교수

2004년 1차 차이나 쇼크의 기억

제1차 차이나 쇼크

2004년 필자는 중국 베이징의 칭화대학교^{清華大學校} 경제경영학부^{經管學院}에서 박사과정을 다니고 있었다. 그때 필자는 잊지 못할 경험을 했다. 4월 29일 목요일 아침 한국의 친구에게서 국제전화가 왔다. 그 친구는 필자와 대학원에서 같이 공부했고, 당시 한국 대형 금융사에서 일하고 있었다. 반가운 인사가 오간 뒤 친구가 꺼낸 용건은 '중국은 지금 어떠냐?'는 질문이었다. 친구 말로는 그날 아침 한국 주식시장은 중국의 강력한 긴축 정책 때문에 패닉 상태에 빠졌고, 개장 초반부터 코스피^{KOSPI} 주가지수가 900대에서 800대 초반으로 폭락하면서 100포인트 이상 빠졌다는 것이다.

'중국은 별일 없었는데, 무슨 일이지?' 사실 전화를 받으면서 필자는 내심 당황했다. 당시 필자는 중국에서 박사과정을 다니면서 아르바이트 삼아 공부 삼아 한국 대외경제정책연구원^{KIEP}의 중국 전문가포럼^{CSF} 사이트에 중국 신문의 경제 기사를 요약 번역해서 올리는 일을 하고 있어서 중국의 경제 동향을 꾸준히 파악하고 있었기 때문이다.

친구 말로는 당일 새벽 "중국 금융 당국이 전날 저녁 모든 대출을 전면적으로 중단하라는 강력한 긴축 정책 지시를 각 금융사에게 전격적으로 전달했다"는 기사가 유명 글로벌 통신사에 실렸다는 것이다. 이 글로벌 통신사는 한국 금융사들이 세계 금융 동향을 파악하기 위해 지금도 이용하고 있을 정도로 세계적인 영향력이 있다. 당연히 이 기사를 바탕으로 "중국 정부가 전면적인 긴축 정책을 실시하면서 향후 경제성장률이 크게 둔화될 것이기 때문에, 중국에 대한 수출 의존도가 높은 한국의 기업들은 큰 타격을 받을 것"이라는 추가적인 분석이 도출되었다. 이에 따라 중국에 대한 수출 의존도가 높은 한국 기업을 중심으로 주가가 더 떨어지기 전에 주식을 팔려는 투매 현상이 나타났고, 연쇄적으로 다른 기업들까지

주가가 폭락하면서 한국의 주식시장은 일순간 패닉에 빠졌던 것이다. 그날이 바로 유명한 '제1차 차이나 쇼크'의 날이었다.

중국의 전면적 긴축 정책, 진실은

'전날 정말 큰 일이 있었구나' 생각을 하고, 전화를 끊은 뒤 필자는 인터넷으로 중국 신문 사이트들을 검색했다. 하지만 그때 필자는 더 깜짝 놀랄 수밖에 없었다. 한국 주식시장을 이처럼 패닉으로 빠뜨릴 정도의 중요한 신문 기사들, 예를 들면 '전면적인 긴축 정책', '은행권의 전면적인 대출 중단'과 같은 제목의 기사들로 온통 뒤덮여 있을 것이라는 예상과는 달리 중국 신문 사이트들은 며칠 전과 별반 다르지 않은 평범한 기사들뿐이었다.

글로벌 통신사가 전했다는 중국 정부의 '은행권 전면 대출 중단 지시'라는 내용의 기사를 한참이나 찾던 필자는 마침내 비슷한 내용의 신문 기사를 찾아냈다. 그런데 그 기사의 내용은 어이없게도 '전면적인 대출 중단'과는 거리가 상당히 먼 짤막한 기사였다. 내용도 간단했는데, '중국 금융 당국이 5월에 예정되어 있던 금융권의 대출을 5월 1일 노동절 연휴 전에 집행하던 관례慣例를 자제하라고 금융사들에게 전달하였다'는 것이다.

중국은 5월 1일부터 3일간이 공식적인 노동절 연휴다. 하지만 당시 중국은 여행 산업을 육성하고 소비를 장려하는 정책을 실시하였기 때문에 대부분의 기업들이 1주일 정도의 긴 노동절 연휴를 보냈다. 금융사들도 긴 연휴에 대비하여 5월에 예정되어 있던 대출을 연휴가 시작되기 전인 4월 말에 앞당겨 집행하는 것이 관례였다. 그런데 당시 중국 경기 과열 우려가 상당히 높았기 때문에 금융당국이 이러한 관례를 자제하라고 금융사들에게 전달하였다는 것이다.

'설마 이 기사가 정말 글로벌 통신사를 거쳐 한국 주식시장을 그렇게 패닉으로 빠뜨리게 만든 기사일까?' 필자도 믿을 수 없었기에 다시 '은행권의 전면적 대출 중단' 기사를 열심히 찾았지만, 결국 필자는 그 기사를 찾을 수 없었다.

2004년 4월 당시 중국의 거시경제 현황

2004년 당시 한국은 왜 차이나 쇼크에 빠졌던 것일까? 이를 이해하기 위해서는 당시 중국의 경제 상황을 살펴보아야 한다. 1997년 동아시아 외환위기 이후 중국의 경제성장률은 일시적으로 7% 대로 급감하였지만, 2001년 12월 중국의 WTO 가입을 전후하여 경제성장률은 다시 10% 대에 가까운 고속 성장을 지속하였다. 그리고 2004년 1/4분기에는 경제성장률이 9.8%를 기록하였다.

당시 한국의 많은 언론들과 연구자들은 중국 경제의 이러한 성장을 일시적인 이상 과열 현상으로 해석하였고, 중국 경제의 거품이 곧 붕괴될 것이라고 우려하였다. 따라서 중국 경제의 지나친 과열을 우려하는 중국 금융 당국이 조만간 강력한 긴축 정책을 도입할 것이라는 전망이 상당히 설득력 있게 들리던 시기였다.

그런데 당시 중국의 경제성장률은 왜 그렇게 높았던 것일까? 경제성장률이 높기 위해서는 대내적으로 소비나 투자가 확대되거나 순수출(수출-수입)이 늘어나야 한다. 2004년 당시 중국의 GDP 성장률에서 순수출의 공헌율은 7%, 투자는 54%, 소비는 39%였다. 특히 순수출의 성장에 대한 공헌율은 2003년 1%에서 2004년 7%로 증가했고, 2005년에는 22%로 급증하였다. 당시 중국의 고속 성장을 견인했던 것은 바로 중국 수출의 폭발적인 증가였다. 중국의 수출 증가율은 2003년 35%, 2004년 35%, 2005년 28%를 기록했었다.

2001년 12월 중국의 WTO 가입 이후 전 세계는 'Made in China', 세계의 공장 중국이 만들어내는 새로운 세상을 경험했다. 저임금의 풍부한 노동력을 바탕으로 경공업 분야를 중심으로 중국 제품의 수출은 폭발적으로 증가했다. 동시에 글로벌 제조사들은 앞다투어 중국에 공장을 짓고 글로벌 국제 분업을 통한 경쟁력을 확보하기 위해 노력했다. 하지만 2004년 당시 한국의 언론에서는 중국의 이러한 폭발적인 수출 증가에 대해서도, 중국 기업들의 수출 경쟁력을 냉정하게 분석하기보다는 위안화의 인위적인 절하 문제, 중국 정부의 불공정한 수출 보조금 문제 등에 더 주목하였다.

결국 당시 한국에서는 중국의 수출 증가도, 경제 성장도 모두 중국 정부가 "억지로" 만들어 내는 일시적인 현상이며, 결코 오래가지 못할 것이라는 생각이 광범위하게 있었던 것은 아닐까? 글로벌 통신사의 작은 기사 하나는 결국 의도했던 의도하지 않았던 한국의 중국에 대한 부정적인 인식들을 '제1차 차이나 쇼크'라는 주식시장의 대폭락으로 이끈 방아쇠의 역할을 하였던 것이 아닐까? 그리고 그 쇼크의 혼란 속에서 가장 큰 손해를 본 것은 아마 중국 경제를 비관하고 중국 경제가 곧 위기에 빠질 것이라는 말을 믿고 주식을 헐값에 투매했던 개인 투자자들이 아닐까? 그리고 반대로 중국 경제에 대한 보다 정확한 정보를 가지고 분석하여 투자 전략을 가진 누군가는 수익을 얻었을 것이다.

QFII, 중국 주식시장의 개방과 중국 투자 시기

QFII, '합격경외기관투자자'와의 첫 만남

2000년대 초반 중국 유학 시절, 중국 경제 기사를 요약 번역해서 중국전문가 포럼 사이트에 올릴 때 가장 큰 어려움은 전혀 새로운, 그래서 잘 모르는 내용을 다루는 기사를 번역하는 것이다. 전체적인 개념이 잡히지 않는 상황에서 기사를 번역하다 보면 내용을 잘못 파악하는 경우가 있기 때문이다. 2005년 초 필자를 괴롭혔던 기사가 있었는데, 바로 '합격경외기관투자자合格境外机构投资者'에 대한 기사였다. 합격合格이라니 뭐에 합격했다는 것인지, 당시에는 사전에도 나오지 않는 생소한 용어라 번역을 망설였지만, 이 '合格境外机构投资者'에 대한 기사는 당시 주식시장에 관련된 신문 기사에서 상당히 자주 나왔다.

관련된 몇 개의 기사를 살펴보니, 당시 중국 주식시장은 외국인 투자자들에게 투자가 허용되지 않았는데, 2002년부터 자격을 갖추어 합격한合格 외국의境外 기관투자자들机构投资者에게만 중국 주식시장에 투자를 허용했다는 것이다. 유명한 글로벌 금융사들인 UBS의 투자 전략이 뭔지, 골드만삭스와 모건스탠리가 어느 중국 상장회사에 투자했는지, 그리고 이들 외국인 투자자들의 투자수익률이 50%니 100%니, 이로 인해 중국 주식시장에 어떤 영향이 있는지 그런 기사들이 상당히 많았다.

한데 당시 필자가 매우 흥미롭게 본 기사가 있었는데, 이 자격을 획득한 외국인 기관투자자들의 국별 현황에 대한 내용이었다. 당시 이 제도를 도입한 지 이미 2~3년의 시간이 경과하였기 때문에 미국, 유럽, 홍콩, 일본, 싱가포르 등 상당히 많은 나라들에서 많은 금융사들이 이 자격을 획득했다. 하지만 당시 한국의 금융사들 중에서는 그 자격을 획득한 금융사들이 하나도 없었다. '아니 다른 나

라의 금융사들이 이렇게 중국 주식시장에 투자하여 성과를 내고
있는데, 한국 금융사들은 뭐하고 있는 거야?' 그 기사를 보면서 당
시 필자가 가졌던 의문이었다.

QFII와의 두 번째 만남

2006년 2월 필자는 박사학위 논문을 마치고, 2006년 상반
기 베이징의 삼성경제연구소^{SERI China}에서 몇 달 근무할 수 있는 기
회를 가졌다. 중국 삼성경제연구소는 삼성 중국 본사 건물에 있었
기 때문에 필자는 자연스럽게 다른 삼성 금융 계열사의 주재원들과
도 함께 할 수 있는 기회를 가졌다. 그때 삼성 금융 계열사의 관심
사 중의 하나가 QFII^{Qualified Foreign Institutional Investors}라는 것을 듣게 되
었고, 얘기하는 과정에서 그게 바로 '合格境外机构投资者'라는 것
을 유추할 수 있었다. 필자는 전에 기사를 번역했던 기억을 바탕으
로 조금 아는 척을 할 수 있었고, 덕분에 더 많은 얘기를 들을 수
있었다. 그래서 필자는 전부터 궁금했던 것, '왜 다른 나라 금융사
들은 벌써 QFII 자격을 획득하였는데, 한국계 금융사들은 아직 자
격을 획득하지 못하였는지'를 질문하였다.

그 질문에 대한 삼성 금융 계열사 담당자분의 대답은 '중국
현지에서는 QFII 신청의 필요성을 느끼고 있지만, 한국 본사에서
중국 주식시장 투자에 대해서 리스크가 크다고 판단하고 있다'는

것이었다. 아니 벌써 50개가 넘는 세계 유명 금융사들이 이미 QFII 자격을 획득하여 중국 주식시장에 투자하고 있는 상황에서 이게 무슨 얘기냐고? 정말 이해할 수가 없었다.

한국의 뒤늦은 QFII 가입과 중국 주식시장 폭락

한국 금융사들이 QFII 가입을 신청한 것은 2007년 말이었다. 당시 한국 금융사들의 QFII 가입 신청 과정은 한마디로 한국 금융사들 간의 치열한 실적 경쟁이었다. 그 이전 수년간 다른 외국 금융사들의 QFII 가입에 대해서는 별로 주목하지 않았다가, 어느 순간 어떤 한국 금융사가 QFII에 가입을 신청했다고 하자 갑자기 서로 먼저 QFII 자격을 획득하는 경쟁으로 바뀌어 버렸기 때문이다. QFII 제도가 도입된 것은 2002년 말이고 최초로 UBS가 QFII을 획득한 것은 2003년 초였는데, 한국의 금융사들은 뒤늦게 2008년부터 2009년 초에 대부분 QFII 자격을 획득한 것이다.

정말 흥미로운 것은 2005년부터 2007년까지 중국 주식시장의 변화였다. 2005년 중국 정부는 중국 주식시장의 핵심 개혁 과제인 '비유통주 문제를 해결하는 국유 주식 유통화 개혁^(구췐가이거, 股權改革)'을 추진하였다. 이러한 개혁을 통해 중국의 상하이 주가지수는 2005년 1,000포인트 수준에서 2007년 10월 6,124포인트까지 폭등하였다.

2007년 전부터 QFII 자격을 획득하여 중국 주식시장에 투자했던 외국인 기관투자가들은 그야말로 대박을 쳤다. 투자수익률이 10배가 넘는 경우가 많았다. 중국 주식시장이 급등하면서 당시 한국에서도 중국 주식 투자에 대한 붐이 일어났고, '차이나 펀드'에 대한 관심은 폭발적이었다. QFII 자격을 획득하여 중국 국내시장에 투자하는 '차이나 본토 펀드'는 황금알을 낳은 수익 사업으로 인식되기도 했다.

하지만 정말 슬프게도 2007년 말부터 중국 주식시장은 폭락을 했다. 2008년 말에는 상하이 주가지수가 다시 1,821포인트까지 떨어지기도 했다. 중국 주식시장의 이러한 폭락은 대외적으로는 글로벌 금융위기의 영향과 대내적으로는 '국유 주식 유통화 개혁'의 부작용 때문이었다. 이런 상황에서 한국 금융사들이 획득한 QFII 자격은 이제 황금알을 낳는 수익 사업이 아니라 처치 곤란한 애물단지가 되어 버렸다. 국내 금융사들과 투자자들은 중국 주식시장에 대한 불신이 가득했다.

중국 주식시장의 개방은 분명 한국 투자자들과 금융사들에게는 중요한 기회였다. 중국 정부가 기회를 제공했을 때 보다 일찍 투자 기회를 잡았더라면 확실한 투자 성과를 낼 수 있었던 기회는 분명히 존재했다. 또한 당시 중국 정부가 주도하여 추진했던 '국유 주식 유통화 개혁'을 보다 면밀히 분석했더라면 중국 주식시장 하락 가능성을 보다 진지하게 인식했을 것이다.

지금도 한국 투자자들은 중국 주식시장 투자에 대해서 '장기 대세 상승'이라는 막연한 기대감을 가진 사람들과 '믿을 수 없는 회계 시스템'을 가진 중국 기업에 대한 철저한 불신을 가진 사람들이 공존하고 있다. 필자는 한국의 금융사들이 해야 하는 것은 다른 외국 선진 금융사들의 중국 투자에 대한 보다 철저한 연구가 아닐까 생각한다. 많은 외국 선진 금융사들은 중국 투자의 장기적인 전략에 대해서 고민하고 있고, 중국 기업과 제도에 대해서 더 많이 알고 있는 중국 금융사들과의 협력에 대해서 고민하고 있다고 생각한다. 무엇보다도 선진 금융사들은 알리바바에 투자한 일본의 소프트뱅크의 사례와 같이 장기 투자를 하고 있다는 점을 잊지 말아야 중국에서 기회를 잡을 수 있다.

중국 위기론의 대표 주자, 앤디 시에

중국의 WTO 가입과 앤디 시에

2000년대 초, 필자는 LG 경제연구원에서 중국 경제를 담당하는 연구원으로 근무했다. 당시 최고의 연구 테마는 중국의 WTO 가입 이후에 대한 전망이었다. 중국은 2001년 12월 WTO에 가입하여 회원국이 되었다. 중국은 WTO 가입 이후 서비스교역에 대한 일반협정GATS에 따라 중국 내 금융시장을 외국 금융사들에게 개방해야 했다. 당시 중국은 대부분 국유 금융사들이었기 때문에 경쟁력이 매우 낙후되어 있었다. 더구나 은행들의 경우 부실한 국유기업에 대한 대출 때문에 전체 대출의 절반 정도가 회수가 불가능한 부실 대출이었다. 따라서 금융시장의 개방으로 중국 금융산업은 외국 금융사들이 장악하게 될 것이라는 전망이 팽배하였다.

실제로 동유럽 사회주의 국가나 중남미, 동남아시아 등은 국내 금융사들의 부실이 심각한 상황에서 금융 시장을 개방하면서 자국 금융 시장의 절반 이상을 외국계 금융사들이 차지하는 경우가 대부분이었다. 따라서 중국 금융산업도 조만간 외국계 금융사들이 장악하게 될 것이고, 이에 따라 부실한 중국 금융사들이 연쇄 파산하면서 중국 정부가 어려움을 겪을 것이라는 전망이 제시되었다.

중국 금융산업에 대한 이러한 비관적인 전망을 제시한 대표적인 전문가가 앤디 시에Andy Xie(謝國忠)였다. 그는 1960년 상하이에서 출생한 중국인이지만, 월드 뱅크, 맥쿼리 은행 등을 거쳐서 1997년 글로벌 투자은행 모건스탠리의 수석경제학자로 근무하였다. 당시 그는 중국 금융과 경제에 대한 비관론적 분석 기사를 발표하였다. 그의 분석 기사들은 서구 학자들과 달리 중국 경제와 금융에 대한 이해의 깊이가 있었고, 반면에 주류 경제학의 분석 방법을 사용하였기 때문에 상당히 권위 있게 인용되었다.

중국 금융시장에서 외국계 금융사들의 부진

하지만 WTO 가입 이후 중국 경제는 오히려 대호황을 지속하였고, 중국 금융 산업도 눈부시게 발전하였다. 이 과정에서 외국계 금융사들은 생각보다 중국 금융시장에서 성공을 거두지 못했고 많은 어려움을 겪었다. 그 이유로는 첫째, 중국 정부의 금융시장 개방에 대한 방식의 문제와 둘째, 중국 정부의 자국 금융사에 대한 지원 정책이 있었다.

먼저 중국 정부는 금융시장 개방 협상 과정에서 주도적으로 자국 금융사들에게 유리한 조건으로 개방을 추진했다. 개방을 점진적으로 추진하면서 유례없이 긴 개방 유예기간을 확보하여 중국 금융사들이 금융시장 개방에 대비하도록 했다. 예를 들면 은행 산업의 개방에 대해서는 단계적으로 개방하고, 외국계 은행이 중국내 모든 지역에서 위안화 업무를 할 수 있도록 허용하는 것은 WTO 가입 이후 5년이 지난 2006년 12월에나 가능하도록 하였다. 또한 보험이나 증권, 자산운용업은 전면 개방이 아닌 부분적인 개방만을 허용하여 외국계 금융사들이 중국계 금융사들과 합작하도록 하여 중국 금융 산업의 선진화를 유도하였다. 외국계 지분은 생명보험의 경우 50%, 증권업은 33%, 자산운용업은 49%로 제한되었다. 더구나 중국계 금융사에 대한 지분인수를 일반적으로 외국계 지분비율이 25%가 넘지 못하도록 제한하였다. 이에 따라 외국 금융사들이 M&A를 통해 단기간에 중국 시장 점유율이 높아지는 것을 원천적으로 차단하였다.

뿐만 아니라 중국 정부는 다양한 규제를 통해 외국 금융사들이 중국 금융시장에서 빠르게 성장하는 것을 제한하였다. 은행 산업의 경우 지점 확대에 대한 금융 당국의 제한은 아직까지도 외국 금융사들이 많은 불만을 제기하는 대표적인 규제 장벽이다. 손해보험의 경우 외국계 금융사들이 100% 지분을 가진 손해보험사 설립이 허용되었지만, 자동차 보험의 책임보험에 대해서는 2012년까지도 외국계 손해보험사의 참여가 제한되기도 하였다.

이런 상황의 중국 금융시장에서 외국계 금융사들은 많은 어려움을 겪었고, 시장 점유율을 좀처럼 높이지 못했다. 은행 산업에서 외국계 은행의 시장 점유율은 2003년 1.5%에서 2006년 2.38%까지 높아지기도 하였지만, 글로벌 금융위기 이후 다시 하락하여 2014년에는 1.63%에 불과하였다. 결론적으로 앤디 시에의 전망이 맞지 않았던 것이다.

앤디 시에, 그를 다시 만나다

필자가 한동안 잊고 있었던 앤디 시에를 다시 보기 시작한 것은 2008년 글로벌 금융위기 이후부터였다. 당시 앤디 시에는 다시 중국 경제, 특히 중국 부동산의 버블 문제를 집중적으로 얘기하면서 중국 부동산 버블 붕괴 때문에 중국 경제가 곧 망할 것이라고 아주 강하게 주장하고 있었다. 이후 앤디 시에는 한국에서 중국 경제 전문가로 급부상한 것 같았다.

필자는 한국의 모 연구소가 주최한 중국 경제 관련 세미나에서 앤디 시에의 강연을 직접 들은 경험도 있었다. 사실 필자가 예상했던 것보다 앤디 시에가 멋있지도 않고 강연도 달변이 아니라 많이 실망하기는 했다. 당시 세미나에서 그가 얘기했던 것도 중국의 그림자 금융 문제, 중국 금융 시스템의 취약성 그리고 중국 경제의 위기 가능성에 대한 내용이었다.

사실 앤디 시에가 그 이전까지 중국 경제에 대해서 그토록 많이 비관적으로 전망했고, 그 전망이 오랫동안 틀렸었는데, 왜 우리나라의 연구소와 언론들은 그를 그렇게나 중국 경제 전문가로 대접하고 있는 것일까? 아마 한국이 앤디 시에를 그렇게나 열심히 찾고 있는 이유는 그가 한국의 언론이나 연구소에서 듣고 싶은 말, '중국이 망한다'는 말을 속 시원하게 말하기 때문이 아닐까? 사실 그의 강연에는 어려운 분석이 포함되어 있어서 명확하게 중국이 곧 망한다고 얘기 하지도 않았다. 그리고 그가 그 내용을 한국어나 중국어가 아니라 영어로 강연하기 때문이 아닐까?

필자가 앤디 시에보다 중국 경제에 대해서 더 전문가라고 인정하고 있고, 언제나 중국 경제에 대한 대단한 통찰력을 보여 주시는 선배 연구자분이 하신 말씀이 있다. "한국이 '중국은 이런 곳에 문제가 없을까'에 집착하는 태도는 문제가 있다. 우리는 중국을 우리에게 필요한 만큼만 보아야 한다. 야구 경기에서 시합을 앞둔 선수나 감독이 상대팀을 보면서 '저 팀은 유니폼이 너무 촌스러워, 투수 이름이 이상해'라고 생각하는 것은 경기를 이기는 데 도움이 안 된다. 우리는 중국에 대한 엉뚱한 기대나 선입관을 버리고 중국을 그 자체로서 분석하려는 태도가 필요하다. 그래야 중국을 더 객관적으로 이해할 수 있고, 중국에 대한 합리적인 전략을 도출할 수 있다."

중국 디스플레이 산업 발전을 바라보며

한·중 디스플레이 산업 발전 과정과 시사점

이동구 IT기업 대표, MATERION 자문

디스플레이란 무엇인가

86세대인 필자는 태어나면서 텔레비전이라는 전자 제품을 보지 못했다. 물론 초등학교를 다닌 후부터 기억하는 것이 보통 사람일 텐데 하여튼 초등학교 3, 4학년 때로 기억한다. 주인 집에 텔레비전이 있었다는 것을, 그리고 몇 년 뒤에 우리 집 안방에도 나타났다.

옛날 애기를 꺼내는 이유는 디스플레이라는 것이 전자제품의 일부분이라는 것을 말하기 위해서다. 디스플레이는 IT 산업의 꽃이라고 부를 수 있는 텔레비전, 휴대전화, 그리고 개인용 컴퓨터(모니터)의 사람으로 따지면 '얼굴'인 셈이다. 이를 다시 표현하면 IT 제품을 구성하는 중요 부품이라고 할 수 있다.

세계 굴지 기업인 삼성전자의 사업 부문을 보자. DS 부문, CE 부문, IM 부문으로 나뉘어 있다. CE 부문과 IM 부문은 예전엔 DMC 사업부문이라고 불렀다. 다시 말해 DS^{Digital Solutions} 부문은 부품 사업이고 DMC^{Digital Media & Communications}는 IT 완제품이며 전자제품을 만든다.

삼성전자의 사업 부문을 보면 디스플레이가 어떻게 진화했는지 가늠해 볼 수 있다. 삼성전관^(현재 삼성 SDI) CRT^{Cathode Ray Tube}를 만들어 삼성전자 VD 사업부에 납품하면 모니터·텔레비전으로 조립되어 가전제품 매장에서 일반 소비자들의 선택을 받게 되었다. 1990년대 중반까진 PC용 모니터를 포함하여 CRT가 디스플레이의 주류였다. 흔히들 CRT, LCD, OLED로 발전되고 있다고 알고 있다. 그 중간에 여러 형태의 디스플레이가 많이 있었으나 현재에는 LCD^{Liquid Crystal Display}가 세계 시장을 평정하였다. 최근에 OLED 패널이 각광받고 있으나 아직은 소형 모바일 기기에 채택되는 경우가 많고 텔레비전에 적용되어 시장에 나온 지는 2~3년밖에 안 되었다. 삼성전자가 TV 세계 1위, 휴대폰 세계 1위^(판매량 기준)다. 물론 지금은 삼성전자의 DS 부문에선 분사되어 삼성디스플레이라는 회사가 LCD, OLED 패널을 만들고 있다.

LCD를 얘기해 보자. 필자가 직장 생활을 시작할 때까지만 해도 사원들에게 전부 개인용 컴퓨터를 회사에서 지급하지 않았다. 몇 년 지나더니 좁은 책상의 20% 정도를 차지할 정도의 큰 모니터를 주었고 그 앞에 키보드라는 입력장치를 주었고 책상 아래엔 컴퓨터 본체를 놓게 해 주었다. 그때까지만 해도 FPD^{Flat Panel Display}라는 용어가 생소했다. 그런데 데스크 톱 컴퓨터가 아닌 노트북 컴퓨터가 나왔다. 그리고 이즈음에 PDP^{Plasma Display Panel} 투자도 기획되었다. 그래서 1990년대 전반기엔 LCD, PDP가 디스플레이 시장을 놓고 치열한 각축을 벌였다. 아시다시피 그 당시엔 삼성, LG, 현대, 대우 등이 LCD, PDP 투자를 하게 된다. LCD는 노트북용, PDP는 TV용으로 양분될 것으로 시장에선 보았다. 그런데 LCD 기술이 눈 부시게 진화하면서 대형 패널엔 부적합하다는 편견을 깨고 평판 TV에 LCD 패널이 PDP보다 점점 많이 채택되었다. PDP 공장은 전 세계에서 다 문을 닫았다. 심지어 오리온전기 엔지니어가 공장을 지었다는 중국 안후이성 허페이시에 있는 PDP 공장도 문을 닫았다. LCD가 디스플레이 산업의 주류라는 것은 자타가 공인하는 사실이다.

LCD 공정을 간단히 정리해 보자. TFT^{Thin Film Transistor} · Color Filter 기판 공정, 두 기판을 합착하고 크기에 맞게 스크라이빙^{scribing}하는 셀^{Cell} 공정, 그리고 모듈^{Module} 공정으로 나눌 수 있다. 모듈 공정은 회로 부품과 기구 · 광학 부품을 연결^{bonding}하고 조립하는 공정이다. 그리고 에이징^{aging}하고 테스트한다.

위 공정을 수행할 수 있게 글라스^{Glass} 가공 공장을 지어야 하는데 기판 유리$^{(2200×2500mm/8.5G)}$ 월 10만장 가공 기준으로 하여 한국 돈 5조원, 중국 돈으로 280억 위안이 든다. 그 투자비용의 50%는 TFT 공정이다. TFT 공정 장비는 아직도 부가가치가 아주 높은 사업이다.

디스플레이 관련하여 OLED 패널 얘기를 안 할 순 없다. LG 전자가 OLED TV를 시장에 내 놓으면서 최고의 색상 재현, 얇은 두께, 그리고 Bezelless$^{(테두리\ 두께가\ 아주\ 얇음)}$를 무기로 시장에 야심 차게 내놓았다. 브라운관 TV와 PDP TV를 LCD TV가 급격하게 대체할 시장으로 전환하기엔 OLED 기술 성숙도가 아직은 미진해 보인다. 그래서 모바일용 OLED 패널로 화제를 바꾸어 얘기해 보자.

스마트폰에 적용되고 있는 OLED 패널은 삼성디스플레이가 전 세계적으로 95% 이상 시장 점유율을 가지고 있다. 대한민국이 디스플레이 시장에서 우위를 굳건히 지키고 있는 분야다. 하지만 중국 후발 주자의 추격을 뿌리쳐야 하고, 중대형까지 OLED 기술이 확장되어야 하며, 그리고 소형은 플렉서블^{Flexible} OLED로 한번 더 도약해야 한다.

OLED 패널 공정은 LTPS$^{Low\ Temperature\ Poly\ Silicon}$ LCD 공정과 다르다. LCD 공정은 액정LC$^{Liquid\ Crystal}$를 사용하며 BLU$^{Back\ Light\ Unit}$

의 LED 광원과 Color Filter 기판으로 발광과 색상을 구현하는데, OLED 패널엔 BLU, C/F 없이 anode, cathode 사이에 전공, EM^{Emitting Layer(RGB: Red, Green, Blue)}, 전자 등 대여섯 층으로 OLED 구조로 발광과 색상 구현을 한다. 그래서 OLED 구조를 만드는 증착 공정과 합착 공정은 OLED 패널^(Rigid, Flexible) 공정의 핵심이다.

한국의 디스플레이 산업은 반도체와 같이 중국보다 비교 우위가 있는 분야다. 반도체는 아직도 기술 경쟁력이 확실하나 디스플레이 산업에서 LCD는 이제 보편화된 기술이므로 한국 디스플레이업계는 바짝 긴장하고 소·중·대형, 플렉서블 OLED 양산 기술 확보에 매진해야 한다.

디스플레이 산업은 부품^(Panel)사업이며 전방산업^(IT완제품)과 후방사업^(장비·재료)을 아우르는 규모가 매우 큰 시장이다.

한국 디스플레이 산업 발전 과정

삼성 디스플레이^(SDC), LG 디스플레이^(LGD)의 시장점유율을 보면 과반에서 점차 떨어지고 있다. 다시 말해 한국 디스플레이 산업은 성장기 정점을 찍고 조금씩 내리막 길을 걷고 있다. 그렇지만 어떻게 일본의 내로라하는 LCD 업체를 제치고 삼성, LG 등이 세계 디스플레이 시장의 최대 강자가 되었는지를 알아 볼 필요가 있다.

먼저 삼성의 전략을 보자. 언론에서도 많이 취급되었던 것인데 Fast Follower 전략과 First Mover 전략이다. 전자는 삼성전자 DS^(부품)의 생산성 최대화로 집약될 수 있다. 디스플레이나 반도체 산업의 가장 큰 특징은 초기 투자비가 엄청나고 수율^(Yield, 양품률)이 사업 성패의 관건이다. 디스플레이의 제조원가는 재료비, 감가상각비가 대부분이고 직접인건비는 10% 안팎이다.

1990년대에 대한민국의 삼성, LG, 현대는 앞 다투어 디스플레이 투자를 단행한다. 노트북컴퓨터용디스플레이, CRT 모니터 수요를 대체하는 TFT LCD 패널 수요가 있었기 때문이다. 유리 기판의 사이즈는 370×470mm, 550×650mm, 620×880mm, 730×920mm, 1100×1300mm, 1300×1500mm 등의 3G~6G 세대 글라스를 가공할 수 있는 장비 투자를 한다. 물론 3사는 반도체 투자도 병행하였으니 천문학적인 돈을 쏟아 부었다. 초기 디스플레이 산업은 일본 IT 업체를 얘기하지 않곤 한국 디스플레이 산업의 엄청난 발전을 설명할 수가 없다. 거의 모든 장비와 재료가 일본 제품이었다. 일본 의존도가 너무 컸으며 엔고로 대한민국 국부가 일본으로 빠져 나갔다는 것은 부인할 수 없는 현실이었다. 이때 삼성전자는 반도체 산업에서 구사했던 방식을 디스플레이 산업에 적용해 생산성^(수율) 극대화와 양산 기술 내재화·국산화를 성공한다. 삼성과

LG의 싸움은 점입가경이었으며 두 회사의 경쟁이 한국 디스플레이 산업을 세계적인 반열에 올려 놓게 된다. 이 때 현대전자는 1997년 말에 IMF사태로 투자를 취소하고 1999년 투자를 재개하였으나 삼성, LG와의 경쟁에서 밀려났으며 2000년대엔 메모리반도체에 전념하게 된다. 1990년대 후반기에 TV용 패널 채택에서 PDP와의 경쟁을 하였던 TFT-LCD는 광시야각 기술과 대형 패널 품질을 확보하면서 삼성, LG는 2000년대에도 7G, 8G 투자를 계속 한다. 이래서 한국 디스플레이 산업은 세계 1위로 등극한다. 현대전자 TFT-LCD 사업부는 하이디스로 분사되어 중국 BOE Group에 2003년 초에 정식으로 매각된다. 개인용 컴퓨터의 출력장치의 하나인 모니터 패널이나 노트북용 패널 기술은 중국으로 넘어 가게 됐다는 비판을 면해 보이긴 어려워 보인다.

한국 TFT-LCD 디스플레이 산업의 역사를 20년이라 할 때 전반기 10년과 후반기 10년으로 나누어 볼 수 있겠다. 전반기는 '타도 일본'을 외치며 묻지마(?) 투자를 하고 일본 기술을 우리 것으로 만들었으며 후반기엔 TV 패널 기술과 스마트폰 모바일 패널 기술의 눈부신 성장이라고 축약해 말할 수 있다. 삼성, LG는 TFT-LCD를 대체할 수 있는 차세대 디스플레이 개발에 성공했으며 양산하는 시기로 만들었다. 바로 OLED 패널 기술인데 모바일 OLED 패널은 삼성이 전세계 시장의 95% 점유율을 보이고 있으며 LGD는

W-OLED 기술로 TV 패널을 양산하여 LG전자 OLED TV로 가전 소비자들의 선택을 기다리고 있다. 중국과의 a-TFT-LCD 기술 차별성은 거의 없으나 OLED나 프리미엄급 TFT기술(LTPS, IGZO)은 삼성과 LG만이 세계에서 갖고 있다고 판단된다.

마지막으로 한국 디스플레이 산업을 얘기하면서 현대전자(하이닉스)에서 분사한 하이디스의 몰락을 생각해 봐야 한다. 필자도 하이디스 출신이면서 BOE에서 근무한 경험이 있으니 하이디스를 생각하면 만감이 교차한다. 2003년에 하이디스를 인수하였던 BOE는 하이디스가 갖고 있었던 모든 기술을 중국으로 이전했다. 150명이 넘는 기술진이 하이디스를 이탈하였으며, 특히 TV용 패널 및 스마트폰 디스플레이에 적용되었던 광시야각 기술까지 다 가져갔다. 아모포스 실리콘 TFT 기술과 이 광시야각 기술로 BOE는 일약 중국 최고의 디스플레이 강자로 올라 섰으며, 고해상도를 구현할 수 있는 Poly Silicon 또는 Oxide TFT 기술을 확보하려고 노력한다. BOE는 한국에서의 투자를 거부하고 비오이 하이디스를 대만의 EIH(E-INK Holdings)에 매각한다. 다시 하이디스가 되었으나 재매각 10년이 지나 결국 노후화된 현대전자 LCD사업본부의 생산설비로는 경쟁력을 상실하였기 때문에 결국엔 대만회사(EIH)는 공장을 셧 다운(shut down)하였으며 하이디스 법인은 존속시켜 특허료 수입으로 회사 명맥을 지금도 유지하고 있다.

중국 디스플레이 산업 발전 과정

중국은 도광양회韜光養晦 정신으로 무장하여 개혁개방으로 시장경제를 시작하고 금세기 들어 대국 굴기崛起를 먼저 디스플레이 산업에서 찾았다고 필자는 본다. 10년 간의 디스플레이 산업을 발전시킨 저력을 가지고 세계 반도체 시장에 도전장을 냈다. 올해와 내년에 중국에서의 디스플레이 공장 투자를 본다면 머지않아 TFT-LCD 시장에서는 삼성, LG의 자리를 넘볼 수 있게 되었으며 OLED이 아닌 LCD시장에선 2018년경이면 중국 디스플레이 업체가 세계 1위가 될 것임엔 분명해 보인다.

지난 2004년에 중국은 세 지역에서 5G TFT-LCD 투자를 시작한다. 베이징엔 BOE가, 쿤산엔 IVO, 상하이엔 NEC-SVA가 그 주역이다. 모니터와 노트북을 겨냥했으며 TFT 공정 장비 및 공장(Clean Room 포함)은 대륙에서 처음으로 일제히 시작했다.

TFT-LCD를 만들기 위해선 토지 매입하여 공장 건물과 Clean Room(청정지역), 설비(Facility & Utility)와 공정 장비 투자가 돼야 한다. 공교롭게도 BOE, IVO, SVA는 한국, 대만, 일본 기술을 가지고 공장을 기획했다. 5G(1100×1300mm) 80Ksheets/월 Glass 가공 공장을 거의 동시에 스타트업했다. 10억 불 이상을 쏟아 붓는 대규모 투자인 것이다. 그런데 중국 총경리(사장)는 기술 파트너로 한국(BOE), 대만

(IVO), 일본(SVA) 엔지니어를 각각 다르게 선택했다. 지금의 CSOT(TCL 자회사)나 천마Tianma는 위의 세 회사보다 늦게 TFT 사업에 뛰어 들었다. 중국 디스플레이 업계의 세 마리 용은 BOE, CSOT, Tianma이다.

BOE는 한국 엔지니어와 한국 구매자를 통해 장비, 설비, C/R의 각각의 아이템의 가격과 업체 선정하는 것으로 배려해 주었다. 그리고 한국 엔지니어들을 주재원(기술 전문가) 비자를 마련해 주고 가족과 함께 일하게끔 해주었다. 하지만 다른 두 회사는 일본, 대만 엔지니어를 고문으로 위촉하고 단신 부임하게끔 하였으며 투자의 주체는 일본, 대만 사람이 아닌 중국 경영진에서 업체를 선정하고 가격을 정하였다. BOE만이 계획대로 장비 반입이 이루어졌으며 시운전, 초도 양산, 대량 생산Mass Production이 진행돼 성공적인 투자라는 평가를 받았다. 상대적으로 늦게 양산하게 된 두 회사는 지금은 TFT사업을 접었다. 중국에서 공장 건설 및 개발, 생산, 판매가 성공적으로 이루어진 중국 디스플레이 업계의 첫 사례인 것이다. 2005년 BOE는 한국 정부의 국책연구기관인 대외경제연구원에서도 한국 기업 해외 매각의 성공적인 사례로 꼽힐 정도였다.

BOE는 B1 5G 성공적인 투자를 바탕으로 B2(청두), B3(허페이), B4(베이징), B5(허페이), B6(얼뒤쓰), B8(충청) 등에 투자하여 7개 공장을 가동 중에 있다. 휴대폰, 중·대형 IT제품(NB/MNT/TV) 분야에서 중국의 최강자다. 앞으로도 OLED 패널 투자(B7, B11), 8.5G 네 번째 공장

(B10), 10.5G 대형투자(B9)를 진행하고 있으니 한국의 삼성, LG에 버금가는 업체로 지속 성장하고 발전할 것이다. 물론 세계 디스플레이 시장이 어떻게 변모할지는 몰라 BOE 위기론도 있으나 지금까진 순항하고 있다. 이제 BOE는 하이디스를 인수할 때의 CRT 모니터(Matsushita 기술)를 조립하는 회사가 아니고 금년엔 세계 4위의 업체로 우뚝 섰다. 세계 IT업계에서 중국의 대국 굴기가 나온 것이다. 시진핑 중국 국가 주석이 충칭을 방문하여 B8을 시찰할 때 왕 회장이 공장을 설명하는 모습이 2015년 12월 7일 KBS 9시 뉴스에 방영됐다.

다음은 CSOT^China Star of Optoelectronics Technology의 괄목할 성장이다. 이 CSOT는 TCL^Tele Communication Limited이라는 회사의 자회사다. TCL은 중국 광둥성廣東省 후이저우惠州 시를 기반으로 하는 가전회사이고 휴대폰 회사다. 먼저 TCL은 TV Brand이며 예전엔 삼성디스플레이로부터 LCD 패널을 가져다 TV를 만들어 중국 시장에 선보였다. 중국 HiSense, Haier, Changhong, Skyworth, Konka 등이 중국에서 텔레비전을 만든다. TCL 이 회장은 삼성과 제휴하여 패널 사업을 선전(심천)에서 T1(8.5G) 라인을 가동하면서 디스플레이 업계에 뛰어들었다. 이어서 T2(8.5G) 라인 투자하였으며 작년엔 대형 공장이 아니고 모바일 패널 투자 승인도 중앙정부로부터 받아 우한武漢에서 T3(6G) 투자를 진행 중이다. TCL과 CSOT 관계는 삼성전자

CE/IM 부문과 삼성디스플레이 관계와 같다. 물론 BOE도 자체 TV 브랜드로 시장에 진출하였으나 TCL보단 인지도가 떨어지고, TCL 은 TV뿐만 아니라 자체 휴대폰(TCL-Alcatel)도 있어서 시너지 효과를 감안해 보면 모바일 분야에서도 BOE, Tianma에 버금가는 회사로 성장할 가능성이 많다.

중국 모바일 패널의 강자는 Tianma天馬이다. Tianma는 휴대 폰, 특히 스마트폰 시장이 성장하면서 중국 정부가 키우려고 하는 회사이며 중국 여러 곳에 공장이 있다. 청두成都, 우한武漢, 상하이上海, 샤먼廈門 등에 있으며 4.5G, 5.5G, 6G, 6.5G 유리 가공 공장이 있다. 최근 샤먼 텐마에 6G용 LTPS LCD 장비가 반입되고 있다. 상하이에 본사가 있으며 소형 OLED 양산 투자도 계획 중이다.

중국 디스플레이 기업을 다니며

먼저 필자 자기 소개한다. 1990년 2월 대학 졸업 후 25년을 LCD, 반도체 등 전자 부품 업계에 종사해 왔다. LCD, 반도체는 전자업계의 쌀이라고 할 만큼 전자제품을 구성하는 가장 중요한 부품이다. 이 부품사업을 가운데에 놓고 보면 전·후방산업과의 연계가 상당히 높다. 전방산업은 삼성전자의 CE 부문과 IM 부문으로서 모니터·TV와 모바일 기기(스마트폰, 태블릿 PC)다. 잘 알려진 대로 삼성제품은 세계 1등, 2등을 다투고 있는 현재 대한민국의 최대 캐시 카우 Cash Cow다. 전자산업 발전에 힘입어 원자재, 부품·소재, 장비 등 업계가 폭풍 성장을 하면서 이 업계를 벗어나지 못하고 줄곧 이 반도체·디스플레이 업계에 있는 사람이다.

25~26년 세월을 돌이켜 보면 필자의 삶은 크게 세 부분으로 나누어진다. 바이어로서 반도체, LCD를 만드는 아이템을 구매하는 시기, Purchasing/Procurement Manager로서 전·후방 사업을 바라보았던 때, 그리고 중소기업의 임원이면서 자기 사업 준비, 실행하는 시기다.

현대전자(현 SK Hynix)에서 원자재, 부품, 장비, 설비 등을 구매, 조달하였던 때는 한국의 반도체, LCD가 일본을 따라 가던 1990년대라 바쁜 샐러리맨이었다. 대기업 관리자가 되고 전체 회사의 움직임이 보이니 보는 눈이 달라졌다. 삼성전자, HP, Dell 등이 어떻게 Suppliers' chain을 관리하는지를 체험했다. 전방사업의 발전 전략과 부품산업의 성장 전략이 체득되었다. BOE B1(베이징) 주재원 생활을 통해 중국의 기업 문화를 체득했다.

중소기업의 임원으로서 회사 경영 기법을 체험했으며, 생산·개발을 제외하고 기획, 인사, 총무, 회계, 재무, 영업, 생산관리 등을 맡으며 대기업 구매에서는 볼 수 없었던 부분을 배웠다. 이제는 사

170

업체를 직접 운영할 수 있는 자질과 능력이 있다 하여 사업을 하고 있다. 중국 BOE 근무 경력이 있어 한중 간 양국에서 경쟁력 있는 아이템을 수출입하는 무역업체를 세웠다.

2012년 후반에 일인 법인사업자를 만들었으니 이제 사업 4년차다. 1년 동안 이 디스플레이, 반도체 업계에 수험료 내고 이제 좀 자기 아이템을 만들어 가고 있다. 중국 출장 및 아이템별 마케팅 비용은 해당 업체의 실비 정산 및 필자의 주머니에서 나온다. 대한민국엔 쓸만한 강소기업이 많이 있는데 중국 비즈니스 경험이 없으니 중국 진출 어려움을 호소하는 데가 많아 필자가 미력하나마 도움이 될 성싶다.

이제 중국 디스플레이 산업 현장을 본 얘기를 하자. 중국 디스플레이 회사 BOE에서 자재부장으로 일하면서 3년 반 정도 중국인들과 생활한 시절, 한국의 중견 회사가 중국에 사업자를 내고 자가공장을 만들어 제조^(영업 포함)하고 어려워지자 어떻게 투자자금을 회수하였는지, 그리고 사업자를 내고 중국 디스플레이 업계에 한국 회사의 장비·재료를 판매하는 지금까지로 나누어서 중국 디스플레이 업계 및 IT산업계 발전상에 대한 생각을 정리해 보고 싶다. 10년이 훨씬 지난 지금 중국 디스플레이 업계는 괄목상대할 정도로 큰 도약을 이뤄냈고 최근 언론 보도에 따르면 BOE그룹은 2022년엔 삼성, LG를 뛰어 넘어 모든 면에서 세계 1위로 우뚝 서겠다는 포부를 밝혔다. BOE는 현대전자^(현 SK하이닉스)로부터 TFT LCD 사업본부를 인수한 지 20년만에 세계 디스플레이 시장을 석권하고 반도체 시장에 진입하고 성장할 것이다.

첫째, BOE-OT라는 5G LCD 공장에서 근무할 때다. 2003년 1월에 BOE가 당시 하이닉스로부터 TFT-LCD 사업을 하는 하이디스를 인수한 후에 BDA^(북경경제기술개발구)에 5G LCD공장 투자 기획할 때부터 BOE 중국 인재들이 한국 이천 하이디스 각 부서에 파견 나와 있었다. 그때부터 BOE는 하이디스 TFT-LCD 관련 생산기술, 선행공정기술, 설계, 연구소 등 자료를 ERP 시스템, PLM^{Product Life Management} 등을 BOE 하이디스와 BOE-OT^(5G LCD공장 법인명) 간의 정보 공유 시스템 구축을 통해 다 가져 갔으며 2004년 4월부턴 설비 엔지니어, 공정엔지니어 10월엔 개발 엔지니어, 그리고 마지막으로 연구소 인원까지 150명 정도 이상을 주재원이라 하며 모두 북경으로 데려갔다. 현대전자가 연구소부터 했던 R&D 기술과 일본 도시바^{Toshiba}로부터 배운 생산기술을 전부 가져간 시기이니 이때 중국 디스플레이 업계는 시작 단계라고 볼 수밖에 없다.

그 당시만 하더라도 삼성은 쑤저우, LG는 난징에서 LCD 후공정인 모듈 공정을 중국 현지에서 수행하고 있었으며 BLU와 관련된 일과 LCD 패널^(회로부품이 bonding된 상태)과 BLU를 조립하는 일이 중국 현지에서 있었고 전공정 공장은 이제 시작하는 단계였다. BLU란 Back Light Unit의 영문 약자로 사출물, Press, 압출물, Lamp Assembly, 광학필름 등 부품으로 구성되어 있었는데 반제품 형태의 가공공장이 쑤저우와 난징에 있었다. 삼성, LG의 후공정 공장과 그 공급자들이 동반하여 중국에 진출한 시기였다.

북경경제기술개발구BDA(Beijing Development Area)에 BOE-OT 공장이 있었는데 그 공장을 셋업하면서 양산하기 바로 전에 한국 업체들이 부품을 공급할 수 있게끔 중국 북경에 진출할 수 있도록 도왔다. TFT-LCD 기술은 물론이고 LCD를 만드는 원자재 관련된 기술도 중국으로 넘어 간 셈이다.

BOE는 중국 자본으로 BOE-OT라는 5G 공장을 가동하며 모니터, 노트북 LCD 제품을 만들 수 있는 한국 기술을 체득했다. 대외경제연구원이라는 정부 국책기관에선 BOE와 하이닉스 간의 M&A는 한국, 중국 간의 경제 협력의 성공적인 모델이라 추켜 세운 때도 있었다. BOE는 자기네들의 첫 번째 공장인 B1 성공을 기점으로 하여 2008년부턴 1~2년 동안에 공장을 짓기 시작한다. B2는 휴대폰용 LCD, B3 다시 모니터, 노트북용 디스플레이, 그리고 26인치 TV 패널까지 중국시장과 한국시장에 선보이면서 디스플레이 세계 시장에서 한 자리 숫자이지만 중국 업체 이름을 당당히 랭킹 명단에 올려 놓는다. 이때 중국 정부는 대형 패널엔 CSOT, 소형엔

Tianma를 지원하면서 BOE의 중국 경쟁자를 만들어서 중국 디스플레이 산업이 비약적으로 경쟁하며 발전했다.

둘째, 2007년 말에 한국에 돌아 온 필자는 바로 중국과의 비즈니스를 시작하지 않고 반도체·디스플레이 관련 부품업체로 입사하여 영업에 전념했다. 그 부품회사는 중국에 진출하여 현지 생산을 하고 있었는데 두 공장 중에 하나는 팔아야 할 상황이었다. 이미 그 부품사업은 중국 자본 손에 넘어 가야 할 운명이었다. 이때 중국법인 매각 업무를 담당했다.

이때 얘기하고 싶은 것은 중국 특유의 에이전시Agency 문화와 중국 정부의 디스플레이 산업에 대한 지원이다. 중국 디스플레이 산업은 위안화와 공장부지를 염가에 공급하면서 한국·대만·일본 기술로 공장을 만들면서 출발했다. 중국 가전6사와 연상聯想(LENOVO) 등 컴퓨터 회사, 그리고 휴대폰 회사 등을 생각하며 디스플레이 내수 시장을 확장시켰다. 물론 한국이나 일본으로의 수출을 독려했다. 그러면서 LCD 사업을 위한 후방산업에도 관심을 가졌다. 여기서 후방산업이라 함은 LCD를 만들기 위한 장비, 재료 및 소재이며 지금도 크게 다르지 않다. 전공정 장비는 일본, 미국 장비가 주류이고 후공정 장비는 한국과 중국 업체다. 또한 장비를 만드는 부품은 일본과 한국에서 나온다. 주요 재료 및 소재는 큰 기업만이 할 수 있는 것이고 그것도 대부분 중국 밖의 일본, 대만, 한국에서 나온다.

여기에도 미국 업체가 있다. 재료는 공장에서 가까운 곳에 있어야 수급이 편하다는 것은 주지의 사실이다. 그러니 규모가 큰 회사들과 중국 기업과의 비즈니스 성사를 위해서는 에이전트^{Agent}가 필수인데 이 에이전시 문화를 경험했다. 그런데 이 에이전시 문화는 중국 회사끼리도 적용되었다.

먼저 한국 회사가 중국에 진출하고 나오는 과정을 보자. 현재형으로 기술해야겠다. 흔히들 중국에서 돈 벌고 한국으로 그 돈을 과실송금하기 어렵다고 알고 있다. 그런데 정상적으로 중국에 법인체$^{Legal Entity}$를 만들고 홍콩에 페이퍼 컴퍼니$^{Paper Company}$를 만들고 자본금을 납입하여 운영비를 쓰면서 무역·유통업을 할 수 있다. 문제는 제조업 법인 설립과 공장 건설 및 인가 그리고 공장 운영 및 근로자 관리다. 사업 초기엔 영업이익이 창출되어 중국돈 위안화를 만질 수 있다. 또한 이 모든 과정에 돈이 투입되는데, 비즈니스 환경이 바뀌어 경쟁자가 많아지면서 레드 오션$^{Red Ocean}$이 되면 사업을 접고, 법인을 매각하고 투자한 돈을 회수하고 싶을 때가 난감하다. 아시다시피 공장부지를 산 것이 아니고 토지 사용권을 20~30년 동안 받은 것이다. 그러니 토지를 반납해야 하고 사용권을 받을 때 금액으로만 회수할 수 있다. 그리고 건물은 해당 업종으로 최적화하여 만들어졌기 때문에 동종업이 아니면 그 건물의 가치는 거의 없다. 그래서 결국엔 회사 전체 지분을 매각하면서 토지를 파는 것으로 바뀐다. 그런데 이 절차에 중국 공무원들의 인허가 결재가 필요하므로 여기에 에이전시가 비용^{fee}을 먹으러 끼어 든다. 동종업을 하는 중국 업체는 이런 한국 업체의 약점을 알고 가격을 후려친다. 여기에 절대 응해서는 안 된다. 물론 투자비의 10%라도 건지겠다고 하면 모르겠으나 협상자로서 토지의 시장가격을 보고 매각 금액을 정해도 늦지 않다. 사실 계약서까지 날인하고 중국에서 공증까지 받는다고 해서 중국·홍콩 계좌를 경유해서 한국법인의 계좌로 돈이 입금되지 않으면 그때까진 노심초사의 시간이며 분할 지급이 보통인데 마지막 잔금은 떼인다고 봐야 한다. 이런 비즈니스에서의 에이전시 비용$^{Agency Fee}$은 보통 계약 금액의 10%인데 계약금$^{(보통 30\%)}$이 송금되면 지불하는 것이 에이전시 계약서에 명기되어 있다. 지금으로부터 5~6년 전인데 투자금의 60%를 회수하였으니 에이전시는 잘한 것으로 믿는다. 세금 부분도 잘 해결해 주었으니까 말이다. 에이전시의 능력이 중국 비즈니스의 관건이다.

참고로 중국 정부의 디스플레이 산업의 지원책에 대해 말해 보자. 중국은 34개의 성급^{省級}이 있는데 22개의 성, 4개의 직할시, 5개 자치구, 2개 특별행정구다. 홍콩, 마카오를 빼면 32개인데 이 지방 정부가 고용과 지방세수를 목적으로 디스플레이 공장을, 세금 감면과 염가의 토지 사용권으로 유치하고 싶어 한다. 그리고 외산 장비 셋업, 로컬 장비 회사, 재료회사 등 새로운 법인들이 앞다투어 나타나니 중앙정부에서는 공급과 수요 법칙에 따라 인가 결정을 하고 외국인 투자기업에 대한 승인도 함께 해 준다. 중국 여러 성, 여러 도시에 디스플레이 산업단지가 있다.

셋째, 2013년부터 본격적으로 디스플레이를 제조하는 데 필요한 장비, 부품, 재료, 소재 등을 팔러 중국 여러 도시를 다녔다. 한국에서 LCD 관련 투자는 이미 끝났고, 현재 삼성, LG는 OLED 패널 투자를 진행할 예정이다. 중국에선 앞으로 2년간 LCD 투자가 이루어질 예정이고 OLED 투자는 신중히 진행되리라 생각된다.

3년 동안 중국 디스플레이 업계는 다 돌아 다녔다. BOE B5, B6, B8 등 공장, CSOT T2 공장, Tianma 샤먼Xiamen, 우한Wuhan, 청두Chengdu, 상하이Shanghai 등 공장, Truly 산터우, 혜주 등 공장, GVO 쿤산 공장 등에 장비, 재료 영업하러 다녔다. 삼성디스플레이 쑤저우 공장, LGD 광저우 공장, 그리고 삼성반도체, SK Hynix 공장이 있는 우시, 충칭, 시안 등을 인사차 방문했다. 내몽고자치구, 섬서성, 북경, 상해, 중경, 강소성, 안휘성, 광동성, 복건성, 호북성, 사천성, 하남성 등에 갔다는 입국 신고 도장이 내 여권에 빼곡히 찍혀 있다.

1년에 평균 비행기 탑승 횟수가 60번 정도이니, 2013, 2014, 2015 3년 동안 약 180번 비행기를 탔다. 국적기인 아시아나항공, 대한항공, 그리고 중국항공사인 중국국제항공, 동방항공, 남방항공, 샤먼항공, 심천항공, 산동항공 등을 타 보았다. 하늘 길뿐만 아니라,

중국 고속철로 이동하였고 버스, 전철, 택시는 자주 타 보았다. 동행자가 있으면 모르겠으나 혼자 움직이는 일이 많아 중국 출장이 쉽지만은 않았다.

중국 디스플레이 산업의 현장은 대부분 비슷하다. 공장 안을 보는 경우는 매우 제한적인데 건물 외곽 및 공장 모습은 한국의 모습과 별반 차이 없었다.

2016 중국 디스플레이 시장을 바라보며

2016년 대한민국 디스플레이 업계를 보자. 세계시장에서 대표적인 패널 제조사Panel Maker인 삼성디스플레이에 장비·설비 납품이 지난 5월에 시작되어 삼성(A3 Line)의 협력회사들은 매출의 숨통이 트이고 있다. LG 협력회사들은 구미, 파주에 납품하는 장비가 없어 상반기 매출이 뚝 떨어질 것이다. 거기에다 한국의 장비회사들은 중국 수출 물량이 하반기에 있어 상반기엔 현상 유지가 당면 과제로 떠올랐다. 다행히 재료 업체들은 공장 가동율이 떨어졌다고는 하나 꾸준히 매출을 올리고 있는 것으로 보인다. LCD 관련 투자는 2~3년 내에 전 세계적으로 끝날 것이라는 관측이 우세하니 한국의 장비·재료 업체는 중국의 OLED 및 반도체 산업의 성장을 기대할 수밖에 없는 상황에 봉착해 있다.

IHS라고 하는 국제적인 조사기관의, 2016년 1분기 9인치 이상 대형 LCD 패널 출하량 기준 시장점유율을 보자. LGD, BOE$^{(중국)}$, AUO$^{(대만)}$, Innolux$^{(대만)}$, SDC 순이었다. 삼성과 LG의 M/S$^{Market Share}$를 합치면 LG 24.3%, 삼성 14.5%이니 38.8%이다. 40% 이상 시장점유율을 중국, 대만 업체에 내 주었다. 다행스러운 것은 삼성이 중소형 OLED 패널은 97.9%, 대형$^{(TV)}$은 LGD가 전부라는 것이다.

앞으로 5~10년 한국의 장비업체 판로는 중국 시장에 있다. 물론 국내에서 삼성과 LG에 OLED 장비 실적을 쌓고, 삼성반도체, SK Hynix에 납품한 장비·설비회사는 중국 시장에 진입 준비해야 한다. 동북아에서 삼성, LG, SK Hynix만 반도체, OLED에 투자하는 것이 아니고 중국$^{(대만 포함)}$이 본토에 야심차게 투자 계획을 세우고 있다는 것은 누구나 다 아는 사실이다.

비즈니스 환경은 중국이나 한국이나 비슷하다. 절차나 진행 과정엔 별반 차이가 없다. 하지만 한국 업체들의 중국 진출을 보면 시행착오를 겪는 것을 주위에서 많이 본다. 필자도 여러 번 당했다(?)는 표현을 쓸 정도로 중국 비즈니스는 쉽지 않다. 중국 시장을 공략하지 않고도 매출 신장을 기대한다면 중국에 다닐 필요는 없다. 한국에서 대기업을 거래하면서 다져진 기술이 있다면 중국 시장은 열릴 것이다. 최소한 1년 이상 준비해야 하며 일희일비하지 않고 중국 사회, 문화에 대한 충분한 이해와 산 경험이 있어야 한다.

OLED, 반도체 관련 장비·재료 수주 전략을 생각해 보자. 일본 기업이나 한국 기업이나 다 마찬가지다. 장비나 재료 기술을 검토하는 현업 부서, 공개입찰이지만 가격 및 업체 선정을 하는 구매 부서, 그것을 다 총괄하는 신생 회사의 총경리 등이 공급자들의 이해관계자들이다. 필자는 영업·마케팅 비용 지출 관점에서 보면 중국 수출자는 과감히 마진에서 일부분을 떼내 협업부서, 중국인 총경리(구매팀장 포함)를 나누어 영업하는 것이 맞다. 그리고 아깝겠지만 대리점 비용Fee도 당연히 생각해야 한다. 사실 반도체와 OLED 기술은 본토 중국인보단 한국인을 포함한 외국인들 가능성이 아주 높다. 그러니 그들에 대한 기술 영업은 그 나라 말이 통하는 사람으로 하고, 공장을 짓는 법인의 대표는 중국대리점을 써서 '꽌시' 영업을 해야 한다. 대리점 계약을 하여 영업 수수료를 지불하면 된다. 수주가 전제되어야 하며 매출채권 회수 때에 계약서에 명기한 비율Portion로 지불하면 된다. 글이나 말론 쉽지만 현실에선 피가 마르는 일이다. 판매 수수료Sales Commission 비율이 만만하지 않으며 현지 영업 및 서비스는 제조사가 할 수밖에 없는 구조다. 그러니 앞으론 남는데 뒤론 밑지는 일이 허다하다. 심부름값 포함하여 사전원가 분석 땐 흑자였는데 실행해 보니 사후원가가 수주가를 넘어 가는 일도 종종 발생하는 것이 중국 현실이다. 그래도 LCD산업과는 달리

OLED나 반도체 산업은 부가가치가 높은 사업이므로 타깃 고객이 프로젝트 팀을 만들기 전부터 중국 시장 조사를 게을리 하지 않고 1년 이상 준비한다면 소기의 성과를 이룰 수 있다고 믿으며 중국은 우리들 다음 세대까지도 기회의 땅이라는 것을 명심하고 발로 뛰어야 한다.

중국의 사회

신문사 특파원이 본 1999년의 중국 사회 _ 이종환

신문사 특파원이 본 1999년 중국 사회

온고이지신과 경천동지

이종환 월드코리안 발행인, 전 동아일보 북경특파원

채 20년 안된 일들을 돌이키면서 온고이지신溫故而知新한다고 하면 지나치다고 할지 모르겠다. 하지만 중국 대륙이라면 사정이 좀 다르지 않을까 싶다.

중국은 지난 20년간 그야말로 경천동지의 큰 변화를 이뤘기 때문이다. 필자가 중국 베이징에 주재하면서 특파원으로 일을 시작한 것은 중국이 신정부 수립 50주년을 맞던 해인 1999년 3월이었다. 당시 중국은 개혁개방 정책이 실질적 실효를 거두기 시작하고 있었다. 이로 인해 중국은 하루가 다르게 바뀌고 있었다.

거대한 중국 대륙이 변화의 용트림을 시작한 만큼 한국에서

도 중국의 변화에 촉각을 세우고 있었다. 한국 독자들의 관심도 중국에 대한 비중이 단연 커졌다. 중국은 어떤 방향으로 변화하고 있는가? 중국의 개혁개방이 소프트랜딩할 것인가? 중국의 발전이 한국에는 어떤 영향을 줄 것인가? 한국 기업들은 중국에서 성공할 수 있을 것인가?

이런 관심들이 증폭된 가운데 필자는 1999년 동아일보에 '12억 대륙 중中 혁명 물결'이라는 타이틀로 5회 시리즈물을 게재했다. 개혁개방 21년째, 중국은 혁명적 변화를 계속하고 있다. 전통적 중화사상에 새로운 애국주의가 접목됐다. '한자녀 낳기' 시대에 태어난 젊은 층을 중심으로 개인주의가 움트고, 서구화의 물결이 확산되고 있다. 사회주의적 평등주의가 엷어지고 적자생존의 시장 논리가 파고들면서 빈부격차도 심화되고 있다. '12억 대륙' 중국은 어디로 가고 있는가? 그들은 21세기를 어떻게 기획하고 있는가? 중국의 변화 현장을 5회 시리즈로 점검한다는 내용의 '편집자주'를 달고 소개한 시리즈였다.

제1회는 '경제 자신감 바탕 애국주의 열기 고조'라는 제목이었다.

5월 13일 밤, 중국 선전의 '세계의 창' 노천광장에서 대규모 행사가 벌어졌다. 주저친, 장밍민 등 범 중화권 연예인 100여 명이 동원됐다. 홍콩 봉황TV가 위성으로 생중계하는 가운데 사회자가 외쳤다. '중궈런진톈쉬부$^{(중국인은 오늘 NO라고 말한다)}$'. 이어 100여 명의 합창곡이 밤하늘에 울려 퍼졌다. 이날 처음 선보인 '중국인은 오늘 NO라고 말한다'는 노래였다. 관중들도 'NO, NO, NO'하며 따라 불렀다. 유고 주재 중국대사관이 오폭 당한 지 6일 후였다.

그 무렵 중국 관영 CCTV도 "중국은 분노한다"고 연일 외쳤다. 간간이 중국국가 '의용군 행진곡'이 배경음악으로 깔렸다. "중국은 가장 위험한 시기를 맞았네⋯ 일어서라, 일어서라⋯."

중국에서 『NO라고 말할 수 있는 중국』$^{(중화공상연합출판사)}$이라는 책이 나온 것은 1995년이었다. 필자는 장창창, 숭창 등 젊은이들. 이 책에서 장창창은 이렇게 썼다. "미국은 대외관계에서 늘 제멋대로고 무책임하며 으름장을 잘 놓는다. 냉전사고를 버리지 않고 최근 중국에 대해 봉쇄 정책을 취해왔다. 중국을 소련과 같은 팽창주의자, 사악한 제국으로 보고 있다."

세계 여러 나라에서 번역된 이 책은 '중국의 새로운 민족주의 선언'으로 평가됐다. 이 책은 중국에서 대단한 반향을 불러일으켰다. 미국을 비판하는 책들이 잇따라 쏟아져 나왔다. 중국의 애국주의는 그렇게 달아올랐다.

다민족국가 중국에서는 '민족주의'라는 말은 잘 쓰지 않는다. 소수민족의 분리 독립을 자극하지 않기 위해서다. 그래서 '민족' 대신 '중화', '민족주의' 대신에 '애국주의'라고 말한다.

1990년대 들어 '마오쩌둥 열기'가 식었다. 1996년 중국 당사 출판사가 펴낸 『문화대혁명 약사』마저 "마오가 실수를 저질렀다"고 지적하기에 이르렀다. 중국 지도부는 고민에 빠졌다. 최고지도자 덩샤오핑(1997년 2월 사망)의 건강이 나빠지자 지도부의 불안감은 더욱 커졌다. 바로 그 공백을 메운 것이 '애국주의'였다고 사회과학원의 한 교수는 설명했다. 마르크스주의와 마오 사상이 퇴조하면서 당국이 정책적으로 애국주의를 고양시켰다는 얘기다.

개혁개방을 통해 이룩한 경제적 성공도 중국인들에게 자신감을 심어줬다. 중국은 지난 20년 사이에 국내총생산이 22배, 1인당 국민소득이 15배 늘었다.

올해 정부 수립 50주년을 맞아 중국은 애국주의를 고양시키는 새로운 프로젝트를 시작했다. 6월부터 사회과학원 중심으로 전개되는 '화하문명유대프로젝트'다. 첸치천 부총리는 이를 소개하면서 "피는 물보다 진하다는 사실을 밝힐 것"이라고 말했다. 프로젝트에 참여한 한 연구원은 "당이 이념보다는 애국주의, 즉 민족주의를 통해 사회 통합을 시도한다는 점에서 주목할 만한 변화"라고 말했다.

7월 1일부터 천안문광장의 역사혁명박물관에서 혁명열사사적전시회가 열리는 것도 애국주의 고취를 위한 프로그램의 하나다. 전시관에는 관람객들이 방문 소감을 남기는 노트가 비치돼 있다. 장밍이라는 사람은 이렇게 썼다. "중국인은 어느 민족보다 강하다.

중국은 영원히 전진할 것이다."

약간 길게 인용했으나, 중국 정부가 국가 통합의 새로운 기제로 애국주의를 활용하고 있다는 점을 지적한 기사였다.

이어진 2편은 '젊은 층 서구문화 열광, 연예인들 새 우상으로'라는 타이틀로, 중국 대륙에 불기 시작한 '서구화 열풍'을 소개한 기사였다.

팝과 커피 향기, 늘어선 카페와 바, '보이즈 앤드 걸즈', '스윙', '데이 오프'… 영어간판 네온사인이 반짝인다. 바에서는 침침한 조명 아래 젊은이들이 멕시코산 코로나 맥주를 병째로 마시고 있다. 머리를 노랗게 물들인 부류도 있다. 서양 젊은이들도 적지 않다. 베이징 사람들이 '산리툰 주바제'라고 부르는 거리다.

'리다'는 1996년부터 '팜비치'라는 가게에서 일한다. 그는 "외국어를 잘 이해할 수 있을 것 같아 이 일을 선택했다"고 말했다. 지배인은 "요즘 젊은이들은 외국인이 있는 곳을 좋아한다"고 밝혔다. 산리툰에 이어 베이징 차오양공원과 하이뎬구 중앙민족대학 부근에도 새로운 주바제 거리가 생겼다.

개혁개방은 중국 젊은이들을 서구 대중문화에 노출시켰다. 이들은 맥도널드 햄버거와 켄터키치킨에 익숙하다. 미국 패밀리 레스토랑 체인 TGI프라이데이나 하드록카페도 젊은이들로 붐빈다.…

서구화 물결은 새로운 우상을 만들어냈다. 머라이어 캐리 퐁의 노래를 부르는 리민도 우상의 한 사람이다. 노랗게 물들인 머리를 찰랑거리며 '왕르칭', '디다디' 등 유행가를 영어와 중국어로 번갈아 부르는 그녀는 단번에 젊은이들을 사로잡았다. 홍콩에서 태어나 미국으로 건너간 그녀가 미국 의과대학에 재학 중인 것도 동경의 대상이다.

'배드 보이', '팅하이' 등 히트곡을 부른 대만 여가수 장후이메이는 홍콩, 대만, 싱가포르에서 얻은 인기가 대륙으로 연결된 경우다. 8월에 열리는 그녀의 베이징 상하이 순회공연에는 수십만 명이 몰릴 예정이다.

지난해 TV연속극 '환주거거(한국에서는 '황제의 딸'로 번역되었다)'로 중국, 홍콩, 대만의 안방을 강타한 자오웨이는 드라마 속의 이름인 '샤오옌즈'로 더 유명하다. 7월 중순 상하이에서 열린 그녀의 책 사인회에는 새벽 5시부터 인파가 몰렸다. 상하이 신문은 그녀의 사인을 받으려는 행렬의 끝이 보이지 않았다고 보도했다.

중국 대륙 젊은이들 사이에 서구화 물결이 거세게 몰아치는 가운데 기업들은 적자생존의 치열한 경쟁으로 내몰리고 있었다. 시리즈의 제3편은 '적자생존이 평등주의 밀어낸다'는 타이틀에 '시장경쟁 치열, 기업부침 심해'라는 부제를 단 기사였다.

중국에서 손꼽히는 민간재벌 중 하나였던 난더그룹이 지난 1월 3억 위안의 빚을 지고 무너졌다. 그룹 총수 머우치중은 경찰에

체포됐다. 머우는 개혁개방 초기인 1980년에 불과 350위안으로 사업을 시작해 19년 사이에 국내외 70개 기업과 7개 연구소로 키웠다. 1994년에는 민간기업으로는 유일하게 통신위성 2개도 발사했다. 최근에는 중국 장쑤성 롄윈강과 네덜란드 암스테르담을 연결하는 철도건설 프로젝트도 추진했다.

'99도+1도=비등' 또는 '1도 더하기'라는 그의 이론도 유명했다. 99도로 데워진 기업에 창의적인 기업인이 1도만 불을 더 지피면 기업이 비등하듯 성공한다는 논리였다. 그러나 그는 1도의 불을 더 지피지 못해 쓰러졌다.

기업 도산은 중국에서 더 이상 낯설지 않다. 날로 격화되는 경쟁으로 도산하는 기업이 속출하고 있다. 5월에는 꽤 이름 있던 국유기업이 민간 패스트푸드 업체에 넘어가 충격을 주었다.

4월 중국 최대의 TV 생산업체인 창훙은 자사제품 가격을 10~15% 일제히 인하했다. TV 제조업계는 1996년 이래 세 번째 가격 경쟁을 벌였다. 그 결과 TV 가격은 1996년의 절반 수준으로 떨어졌다. 3년에 걸친 가격 전쟁 과정에서 1997년 195개이던 업체수가 지난해에는 120개, 올해는 90개로 줄었다. 절반 이상이 쓰러졌다.

경쟁이 더욱 치열한 분야는 VCD 플레이어다. 1996년부터 본격 생산된 VCDP는 2년 사이에 출하량이 4배로 늘었다. 업체들의 판매 전쟁도 격렬해졌다. 1년 사이에 VCDP 가격은 7차례나 인하됐다. VCDP 값은 작년 초의 절반 수준으로 떨어졌다. 업체들은 사느냐 죽느냐의 싸움을 계속하고 있다.

술 시장에서도 업체들의 부침이 무상하다. 2년 전까지 황금시간대 TV광고를 독차지했던 공부가주, 친츠 등은 몰락했고, 경주 등이 새로운 강자로 떠올랐다. 무명의 옌징 맥주가 인민대회당 독점 납품권을 따내면서 칭다오 맥주를 능가하는 유명브랜드가 됐다.

경기 후퇴와 신규업체 등장으로 백화점의 생존경쟁도 치열해졌다. 지난해 베이징의 106개 백화점 가운데 59개가 이익을 한 푼도 내지 못했다.

국유기업의 구조 개혁도 강력히 진행되고 있다. 지난 한 해 동안 국유기업에서 600만 명이 해고됐고, 지금도 300만 명이 해고 대기 상태다. 강한 자만이 살아남는다는 적자생존의 시장 논리가 중국에서 사회주의적 평등주의를 밀어내고 있다.

시리즈 4회째는 빈부격차에 주목했다. '벼락부자, 거지속출… 빈부차 더 벌어져'라는 타이틀로 게재된 기사였다.

'남들에 앞서 부자가 되라.' 중국 최고지도자였던 덩샤오핑은 1970년대 말부터 개혁개방 정책을 추진하면서 이같은 '선부론'을 주창했다. 그의 가르침대로 일찌감치 부의 바다에 뛰어들어 떼돈을 번 사람도 많다. '다콴'으로 불리는 신흥부유층이다.

베이징시 소속 7개현 중 하나인 순이현. 사시나무 가로수를 따라가면 왕커청스화원, 파라다이스, 롱위안별장촌 등 다양한 이름의 고급 아파트와 별장촌이 나온다. 36홀 골프장을 갖춘 곳도 있다. 별장은 대개 2~3층이며 널찍한 정원이 딸려있다. 가격은 100만 달러 안팎, 최근 4~5년 사이에 형성된 부자 동네다.

주말이면 베이징에서 이곳으로 향하는 징순로는 벤츠, 렉서스, 아우디 등 고급 승용차로 가득 찬다. 검은 색 차창 안에는 종종 '샤오미'로 불리는 젊고 늘씬한 여성이 타고 있다. 고급 별장과 승용차, 샤오미는 신흥 부유층의 3대 조건으로 불린다.

개혁개방 정책은 빈부의 격차를 크게 벌려놓았다. 일반계층은 라오바이싱으로 불린다. 라오바이싱은 '전보다 좋아졌다고는 하지만 별로 나아진 것은 없다'고 말한다.

'치가이'로 불리는 거지도 거리에 등장했다. 주로 노인이나 장애인, 어린아이가 딸린 여자다. 중국 정부 통계에 따르면 현재 거지는 10만 명 정도지만 일부 신문은 100만 명으로 추정한다. '다콴', '라오바이싱', '치가이' 사이의 부의 편차는 빠른 속도로 확대되고 있다. 벌써부터 일부 학자들은 빈부차로 중국의 새로운 사회계층을 구분한다. 계급 없는 평등사회의 이념은 개혁개방의 파도에 휩쓸려간 지 오래다.

'12억 대륙 중 혁명물결' 시리즈의 마지막 회는 중국 정부의 개혁 바람을 소재로 했다. '미래는 중국이 이끈다… 정부-군-기업

개혁열풍'이라는 타이틀의 기사였다. 이를 보면 정말 격세지감을 느
낀다.

중국이 가진 것은 인구뿐이라는 말이 있었다. 1990년 덩샤
오핑은 헬무트 슈미트 전 서독 총리한테 이렇게 말했다.

"중국이 혼란해지면 난민이 생길텐데 누가 막을 것인가? 태
국에 1000만 명, 인도네시아에 1억 명, 홍콩에 50만 명이 흘러들어
가면 어떻게 할 것인가.…"

그러나 중국은 더 이상 인구대국만은 아니다. 개혁개방은 중
국을 '미래의 대국'으로 만들고 있다. 현재 중국의 경제 규모는 세계
8위. 중국 정부는 2010년에 경제 규모가 지금의 2배로 커지고,
2050년에는 미국을 능가하는 세계 최고가 될 것으로 예상한다. 주
룽지 총리는 이를 목표로 대대적인 개혁을 계속하고 있다.

지난해 중앙정부는 기구 3분의 1을 축소했다. 지방정부들은
올해 공무원 수를 절반으로 줄일 예정이다. 국유기업 개혁에도 속
도가 붙었다. 주 총리는 국유기업도 서로 경쟁하도록 만들었다. 이
동통신을 독점했던 중국전신은 롄퉁이라는 또 다른 국유기업을 경
쟁자로 맞았다. TV 생산업체들이 치른 3년간의 가격전쟁을 통해 강
자로 떠오른 것도 국유기업이고 망한 것도 국유기업들이다. 국유기
업들끼리 경쟁하면서 경쟁력을 키우고 있다.

중국의 미래 전략은 군 개혁과 대외정책에서도 잘 드러난다.

중국군은 지난해부터 50만 명 감군에 들어갔다. '세계전쟁은 없다'는 정세 인식이 깔려있다. 전면전을 상정하고 각 군구별로 분산했던 지휘체계도 빠르게 중앙집중화하고 있다. 군의 경제활동 참여를 금지하고 방위산업체를 군 관할에서 중앙정부 산하로 바꿨다.

중국의 대외정책은 냉정하고 현실주의적이다. 세계질서를 '일초다강'으로 파악, 초강대국 미국과의 대결을 피하고 있다.

일본이 미일신방위협력지침(가이드라인) 관련법을 통과시켰을 때도 중국 정부는 비난 성명을 냈을 뿐 대일관계 악화는 피했다. 이달 초 오부치 게이조 일본총리에게 장쩌민 주석은 "일본은 평화의 길을 걸을 때 번영했다"고만 말했다. 주룽지 총리는 "대만을 주변지역에 넣으면 안된다"고 주문하는 데 그쳤다.

중국 사회과학원 국제문제연구소 양청쉬 소장은 이렇게 말했다. "지금 중국에 가장 중요한 것은 나라의 안정을 유지하면서 경제건설을 계속하는 것이다. 미국의 파워는 결코 영원한 것이 아니다."

베이징의 한 외교관은 중국의 국가 전략이 마오쩌둥의 16자 전법을 연상시킨다고 말했다. "적이 오면 물러나고, 적이 서면 교란하고, 적이 지치면 공격하고, 적이 물러나면 추격한다."

이 기사를 소개한 후 2개월 뒤 중국은 건국 50주년 기념일을 맞았다. 1999년 10월 1일이었다. 이를 맞아 필자는 '중국 건국 50년, 변혁 50년'이라는 5회의 연재물을 다시 게재했다. 중국 50년,

특히 1978년 개혁개방 정책의 빛과 그림자를 조명한 것으로, 경제 규모와 국민들의 의식주, 가정과 사회유대, 가계와 기업, 정부 정책 변화를 터치하고 마지막으로 중국이 안고 있는 과제를 지적해본 시리즈였다.

'라오산양'을 아는가? 1980년대까지만 해도 중국 수도 베이징 사람들이 겨울밤 화롯가에 둘러앉아 즐겨먹었던 배추, 무, 감자다. 베이징 사람들은 이 세 가지를 함께 끓인 '라오산양탕'을 즐겼다.

그러나 그후 중국은 엄청나게 변했다. 베이징의 주요 거리에는 광둥식, 쓰촨식, 상하이식 요리점이 즐비하다. 한국식, 일본식, 홍콩식 요리점과 맥도널드, 켄터키치킨, 피자헛 등 서양 패스트푸드점도 다투어 간판을 내걸었다. 베이징시내 음식점만도 3만 개에 이른다.

한때 '2종3색'으로 통했던 입을거리도 달라졌다 2종3색이란 인민복과 군복에 회색, 흑색, 남색이다. 중국인의 옷은 1970년대 중반까지 이 범주를 벗어나지 못했다.

사람들이 따뜻하게 입고 배불리 먹을 수 있는 상태가 원바오. 중국 정부는 1990년대 초 전 국민이 원바오에 달했다고 밝혔다. 먹고 입는 걱정에서 벗어나 여가생활을 즐길 수 있는 단계가 샤오캉. 중국 정부는 12억 인구의 3분의 2가 최근 이 단계에 이르렀다고 발표했다.

싱가포르대 동아시아연구소장 황차오한 교수는 시사주간지 『요망』 최근호에서 "중국은 그동안 세 가지 근본적인 변화를 이룩했다"고 말했다. 농업국가에서 공업국가로, 물건이 부족한 국가에서 남아도는 국가로, 빈곤한 폐쇄국가에서 풍요로운 개방국가로 바뀌었다는 것이다. 이 모든 변화가 중국 정부수립 50년, 특히 개혁개방 20년이 이뤄낸 성과다.

중국 공산정권 수립이 선포된 것은 1949년 10월 1일. 중국은 그 후 약 30년을 내부투쟁으로 허송했다. 1950년대의 반우파투쟁과 대약진운동, 1966년에 시작된 10년간의 문화대혁명이 그것이다.

그러다가 1978년 공산당 11기 중앙위 3차 전체회의로 새로운 분기점을 맞았다. 덩샤오핑은 소모적인 이념 투쟁에 종지부를 찍고 개혁개방을 추진했다. 계획경제에 시장경제를 접목했다. 그 후 20년 사이에 국내총생산이 22배, 1인당 GDP가 15배로 늘었다.

그러나 새로운 문제도 나타났다. 계획경제에서 시장경제로 바뀌는 과도기는 과잉설비와 과잉생산을 초래했다. 국유기업간 제살깎기 경쟁은 국가 경제에 큰 부담이 되고 있다.

관주도로 무분별하게 처리된 각종 사안들이 경제 규모 확대와 시장경제화에 따라 고비용 저효율과 금융 불안 등 여러 난제를 낳았다. 부정부패, 빈부격차, 대규모 실직, 환경오염, 밀수 등도 큰 사회 문제로 대두됐다.

시리즈 2회는 작은 정부로의 변화를 조명했다. 의료개혁, 주택개혁, 학교개혁 등 각종 개혁을 통해 정부의 책임과 부담을 줄이고, 시장 기능에 맡기는 새로운 변화를 살펴본 내용이다. '정부 간섭 줄고 개인 책임 커졌다'는 타이틀의 기사다.

중국의 개혁개방은 개인에게 자율과 가능성을 부여했다. 동시에 책임과 고통도 안겨줬다. 수도 베이징에 사는 천 씨는 최근 병원에서 1만 위안을 미리 내야 검사와 치료를 받을 수 있다는 말을 듣고 아연해졌다. 직장에 다닐 때는 단웨이^(소속직장)가 치료비를 내줬다. 그러나 지금은 실업 상태. 전액을 자신이 부담해야 한다. 1만 위안은 실업수당 3년치에 해당한다.

과거에는 의료든 주택이든 교육이든 그 비용을 모두 단웨이가 부담했다. 그러나 개혁개방과 함께 '무료 서비스'가 끝나고 '수혜자 부담'으로 바뀌고 있다. 직장인의 경우도 '수혜자 부담 3할'에서 '월 50위안까지 단웨이가 부담한다'는 등으로 후퇴를 거듭하고 있다.

지난해 6월에는 주택 정책도 바뀌었다. 그동안 임대주택을 제공하던 정부가 입주자들에게 임대주택을 매입하도록 유도하기 시작했다.

학비 부담도 늘고 있다. 과거에는 정부가 학비에 기숙사비, 생활보조비까지 지급했으나 그런 시절은 지나갔다. 올해 초 정부는 학비 현실화 방침을 밝혔다. 이에 따라 베이징대 등 대부분의 대학들이 가을학기에 학비를 50% 인상했다. 정부가 졸업생들에게 직장을 배치해주던 '바오펀페이' 제도도 1996년에 중단됐다.

중국의 개혁개방은 '큰 정부'를 '작은 정부'로 바꾸고 있다. 과거에는 정부가 생산과 분배, 국민의 일상생활까지 관여했다. 문화대혁명 때는 머릿속의 사상까지 문제 삼았다. 그러나 이제 관여를 줄이고 있다. 동시에 정부의 부담도 줄이고 있다. 그만큼 개인의 부담이 커진다.

시리즈 3회는 중국의 산아제한 정책을 조명했다. '하나만 낳아 소황제로 떠받든다'는 타이틀의 기사다.

'초생유격대'라는 TV코미디가 지난해 중국에서 크게 히트했다. 딸 하나를 가진 부부가 아들을 낳기 위해 '초과 출산의 유격전'을 펼친다는 내용이다.

"여보 아들을 낳았으면 좋겠어요."

"한 자녀 낳기 정책이 있는데."

"소수민족은 둘까지 허용되니 그쪽으로 가면 되잖아요."

부부는 신장 위구르 자치구의 투루판으로 이사해 또 딸을 낳는다. 그러나 한족임이 발각된다. 이번에는 남쪽 해남도로 건너간다. 거기서 셋째 딸을 낳는다. 그러다가 공무원이 가족계획 실태 조사를 나오자 부부는 대도시 상하이로 숨어든다.

중국이 한 자녀 낳기 정책을 실시한 것은 1980년 9월부터다.

위반자에게 처음에는 5천 위안의 벌금을 물렸으나 나중에는 강제로 낙태시켰다. 그래서 둘째 이상의 아이를 몰래 낳으면 호적에 올리지 않는 일이 빈번해졌다. 그렇게 호적에 오르지 못한 아이들을 '헤이하이쯔'라 부른다. 헤이하이쯔는 1500~2000만 명으로 추산된다.

한 자녀 정책은 중국 사회에 빛과 그림자를 던지고 있다. 기성세대는 과보호에 따라 아이들이 연약해지고 자립심이 없어진다고 우려한다. 친가와 외가의 조부모 4명, 부모 2명의 애정이 아이 하나에게 집중되는 421증후군도 문제다. 이런 환경의 아이들은 '소황제'라는 응석꾸러기로 자란다. 선전 등 남방지역에서는 이렇게 성장한 아이들을 '사불청년'이라고 부른다. 공부, 일, 사업, 농사에 힘을 쏟지 않고 부모에게 기대 빈둥빈둥 놀고먹는 젊은이들이다.

사회의 고령화에 따른 부담 증가도 문제다. 소수의 젊은이들이 다수의 노인을 부양해야 하는 부담이다. 그러나 외국의 일부 전문가들은 한 자녀 낳기가 중국의 민주화를 뒷받침할 것이라고 낙관적으로 보기도 한다. 한 자녀는 충실한 교육을 받고 개인주의가 몸에 배기 때문에 결국 사회의 탈권위화를 촉진할 것이라는 얘기다. '소황제' 세대가 사회 전면에 등장할 때면 중국의 민주화가 진전되지 않을 수 없을 것이란 전망이다.

시리즈 4회는 '놀라운 성장 자찬 뒤엔 고실업 그늘'이라는 타이틀로 국유기업 개혁의 빛과 그림자를 조명했다. 그리고 마지막 회는 '글로벌 스탠더드 도입 하루가 급하다'는 타이틀로 부정부패와 인권문제 등 중국의 난제를 조명했다.

중국 남단 해남도에 인접한 광둥성 짠장시. 6월 7일 짠장시 세관장이 밀수업자 등 5명과 함께 총살됐다. 자동차, 철강, 석유 등의 밀수를 묵인해주고 뇌물을 챙긴 죄였다. 짠장시 당서기 천충칭과 '자동차밀수대왕'으로 불린 아들 천리성도 사형을 선고받았다.

'짠장특대안'으로 불린 이 사건은 259명의 공직자를 포함해 모두 331명이 관련된 사상 최대의 밀수 사건이었다. 그러나 사람들은 이 사건이 '빙산의 일각'에 불과한 것으로 보고 있다.

1월에는 중국 공안부의 제5인자였던 리지저우 부부장이 체포됐다. 뇌물을 받고 밀수를 비호해준 혐의였다. 홍콩 언론에 따르면 그는 주룽지 총리가 지난해 광둥성을 시찰했을 때 주 총리가 탄배에 대포를 쏘아 침몰시키려 했다고 한다. 주 총리한테 자신의 비위가 발각됐다고 여겼기 때문이다. 이에 놀란 주 총리가 그날로 '밀수와의 전쟁'을 결심했다는 것이다.

중국 정부는 1990년대 들어 '부정부패와의 전쟁'을 벌여왔다. 그러나 공직자들의 부정부패는 끊이지 않는다. 인민검찰원 발표에 따르면 1997년 이후 적발된 부정부패만도 10만 3천여 건이다.

공무원의 부정부패가 많은 것은 복잡한 규정과 뿌리 깊은 관료주의 때문이다. "무려 20개의 관청을 상대해야 한다"고 말하는 칭다오의 기업인은 "일의 80%가 정부 관리를 상대하는 것"이라고 불평했다. 관리들이 일 처리를 미루면서 꼬투리를 잡아 뇌물을 요구한다는 것이다.

낡은 제도의 폐단도 심각하다. 3무인원으로 불리는 외지인 단속이 그 사례. 신분증, 임시거주증, 취업증이 없는 사람들이다. 베이징에 거주하려면 반드시 이 세 가지 증명서를 가져야 한다. 여성은 별도로 건강을 증명하는 혼육증을 가져야 한다.

중국에는 '후커우'라는 호적제도가 남아있다. 농촌에서 태어난 사람은 농민이 되고, 도시에서 태어난 사람은 노동자가 된다는 현대판 신분제도. 정부가 도시 노동자들에게 직장을 배치해주던 구제도의 유산이다. 이 때문에 농촌 사람이 도시로 나오면 3무인원이 될 수밖에 없다. 거주 이전의 자유가 없는 것이다. 야당의 설립이 금지되는 등 정치적 자유의 제약은 말할 것도 없다. 둘째 아이를 임신하면 강제로 낙태시키는 등의 인권 침해는 서구사회의 끊임없는 시빗거리다.

게다가 각종 증명서를 갖췄다 해도 공무원이 증명서를 찢어버리고 단속하는 경우도 있다. 베이징의 한 기업인은 "종업원 한 명이 그렇게 당해 그를 빼내는 데 3,000위안이 들었다"고 말했다. 이 돈은 종업원의 4~5개월치 월급에 해당한다. 공권력이 법 위에 있는 것이다.

중국식 표준을 강요하는 것도 문제다. 중국은 외국인의 거주 지역을 제한한다. 베이징에 사는 외국인들은 정부가 지정한 특정구역에서만 살 수 있다. 세계적으로 통용되는 국제운전면허증도 중국에서는 인정되지 않는다. 거류증을 만들 때 필요한 진단서도 중국 정부가 지정한 중국 내 병원에서만 받아야 한다.

중국이 세계의 지도적 국가로 발돋움하기 위해서는 해결해야 할 과제가 그렇게 많다. 부패 척결과 인권 신장, 법치주의 확립, 글로벌 스탠더드 도입은 하루가 급하다.

내부적으로도 과제는 많다. 배금주의와 향락주의가 퍼지고 있고, 점술과 풍수 등 전통 미신도 되살아나고 있다. 그 틈을 비집고 파룬궁 같은 기공단체가 사람들의 마음을 사로잡는다. 이런 문제들에 어떻게 대응할 것인가. 중국은 깊은 고민에 빠져있다.

위의 내용은 밀레니엄을 앞둔 1999년, 동아일보 베이징특파원으로 나가 중국을 조명하면서 신문에 기사로 소개한 내용이다.

그로부터 16년이 지난 지금, 중국은 당시와는 비교할 수 없을 정도로 많이 변했다. 이들 기사들을 읽으면서 온고이지신할 정도로 변했다고 할까?

중국의 문화

한중일 문화 비교와 이해

동일한 문화 코드의 변용

유주열 한일협력위원회 사무총장, 외교 칼럼니스트

한중일을 관통ᐩ하는 문화 코드

한자 문화권인 일본과 중국에서 현지의 많은 유식자를 만나 보면 과거 동일한 문화 코드가 변질되어 같은 어휘라도 나라에 따라 쓰임이 다르다는 것을 알 수 있다. 이것은 뭔가 잃어버린 고리 missing link를 느끼게 한다. 수천 년 내려오면서 중국이 그려 놓은 무늬ᐩ에 한국과 일본이 독창적으로 변형 시킨 것이 오늘의 한중일 3국의 문화라는 생각이 들 때가 있다.

술을 좋아해서인지 우선 정종正宗이라는 말이 생각난다. 정

종은 '마사무네'라는 일본의 대표적인 일본 술日本酒 브랜드이지만 중국어로는 원조元祖라는 뜻이 있는 보통 명사(또는 형용사)이다. 중국에 가보면 식당 간판에 정종의 표기가 흔히 보인다.

에도시대 일본 고베의 롯코산六甲山 근처에서 새로운 술을 만든 사람이 한자漢字 브랜드를 얻기 위해 사찰을 찾았다. 당시 일본에서는 사찰의 스님이 한자를 많이 알고 있었다. 그날따라 정작 스님을 만날 수 없어 스님 앞에 놓인 책의 제목 일부로 보이는 '정종正宗'이라는 글자를 발견했다.

새로운 술을 만든 사람은 해는 저물고 스님을 기다릴 시간이 없어 '정종' 글자를 그대로 외워 와서 새로운 술의 상표를 정했다. 이것이 '정종'의 유래라고 한다. 스님 앞에 놓인 책은 중국에서 건너 온 '정종 조동종正宗 曹洞宗(원조 조동종파)'이라는 불교 서적이었다.

도쿄의 우에노上野에 홍고本郷라는 지명이 있다. 도쿄 대학이 소재하는 학문의 중심지다. 그 유래가 중국과 관련이 있다. 이곳의 지명은 '창평향昌平郷'이었고 홍고는 창평향의 중심거리였다. 창평향은 중국 산둥성 공자가 태어난 곳으로 취푸曲阜의 한 지역이다. 중국의 창평향이 도쿄에 나타난 것이다. 일본 유학의 대가 하야시 라잔林羅山은 이곳에 공자를 모시고 이름도 공자의 고향 창평향을 그대로 따왔던 것이다.

황금과 옥玉의 문화

고대 이집트에서는 태양의 빛깔이 황금색이라 생각하였다. 이집트의 왕인 파라오가 죽으면 태양의 빛깔인 황금 마스크를 씌워 사후 승천하도록 기원했다. 이집트의 황금 숭배 사상이 그리스에서 유럽으로 옮아갔다. 반면에 중국에서는 태양의 색을 백색으로 보았다. 한자의 백白이라는 글자는 태양日에 햇살이 비스듬하게 붙어 만들어진 글자다. 중국의 태극 음양을 보면 낮은 흰색, 밤은 검은색이다.

그리스 신화에 미다스 왕은 만지는 것이 모두 황금이 된다. 황금이 얼마나 좋으면 이러한 신화가 나왔을까 싶다. 그리스에서 전래된 황금이 귀하게 되니 스키타이 등 기마민족이 황금을 몸에 지니게 되었다. 기마민족 만주족이 세운 후금淸의 초대 황제는 누르하치 애신각라다. 애신각라愛新覺羅(만주족 발음으로 아이신교로)의 본래 뜻은 황금이다. 청조가 망하고 공화국民國시대에 청조의 황족은 한자 성 김金씨로 바꾸었다. 기마민족의 후예인 신라의 왕족 김金씨의 성도 황금과 관련된다. 신라의 수도 경주의 고분에서 황금관이 많이 출토된 것도 신라인이 본래 황금을 좋아하는 기마민족의 후예라는 것이다.

반면에 한중일 3국은 옥을 귀하게 여긴다. 완벽完璧이라는 글자가 옥의 온전함을 이야기 하듯 중국이나 한국의 왕이 쓰는 면류관은 옥관이다. 옥이 달린 12줄은 황제의 옥관帝冠이고 9줄은 제후(왕)의 옥관王冠이다. 황제는 만세萬歲라고 부르고 왕은 천세千歲로 구분하는 것과 같다. 고대 일본에서 황금은 장식용으로 사용되었다. 얇은 종이처럼 잘 늘어나는 황금의 성질을 이용하여 황금 종이로 가구며 집의 외벽을 장식했다. 교토의 금각사는 황금 종이로 입힌 건물로 오후가 되면 햇살을 받아 눈이 부신다. 그러한 사실을 모르고 일본을 찾아 온 송나라 무역상들은 일본은 황금으로 집을 지을 정도의 황금이 풍부한 나라라고 알고 있었다.

마르코 폴로의 동방견문록에는 중국 항저우杭州에서 만난 송나라 무역상으로부터 일본에는 황금이 돌처럼 굴러다닌다는 이야기를 듣고 그대로 견문록에 기록해 두었다. 마르코 폴로의 동방견문록을 탐독한 콜럼버스가 배를 띄운 것은 황금의 나라 일본을 가기 위해서였다.

일본은 황금을 중요시하지 않고 옥을 중시했다는 것은 일본 천황이 귀하게 여기는 3종의 신기神器에서도 알 수 있다. 신기에는 황금은 없고 옥이 맨 먼저 나온다. 곡옥曲玉(굽은 옥)은 재력富을 상징한다. 다음으로 지식을 상징하는 거울鏡, 그리고 공권력을 상징하는 칼劍이 천황의 3종 신기다.

중국과 한국에서의 피휘 사상

중국의 황제나 성인(聖人) 공자의 이름(諱)을 기피하는 피휘(避諱) 제도가 한국에는 그대로 이어져 왔다. 불교의 관세음보살이 당 태종 이세민의 이름을 피해 세(世)가 빠지면서 관음보살이 된다. 큰 언덕이라는 대구(大丘)가 공자의 이름자인 구(丘)를 피해 대구(大邱)가 된 것도 같은 이유다. 한반도에서 중국에 따라 경명(敬名)사상으로 이름을 부르지 않고 자(字)나 호(號)를 많이 사용하였다.

조선 왕조 임금들의 이름에 어려운 글자가 쓰이거나 외자가 사용된 것은 피휘를 생각하여 백성들이 이름 짓는 데 불편을 조금이라도 덜기 위해서라는 이야기가 있다.

반면에 일본은 조상이나 존경하는 사람의 이름자를 자신의 이름 속에 넣는 풍습이 있다. 아베신조(安倍晉三) 일본 총리의 이름자에는 그의 고향 야마구치(山口)의 위인(偉人) 다카스기 신사쿠(高杉晉作)의 이름자(晉)가 들어 있다.

양(羊)의 문화와 패(貝)의 문화

한중일은 한자 문화권의 나라로 한자가 생활화되어 있다. 한자 속에 '양'이 들어가는 말과 '패'가 들어가는 말이 서로 다르다. 양은 가치를 지향하는 말에 자주 쓰인다. 선善, 의義, 상祥, 미美 등이다. 그러나 패는 물질을 지향한다. 재財, 화貨, 무貿, 자資 등이다.

중국의 고대사를 보면 산동성 바다를 접한 상商(또는 殷)나라가 물질 숭배로 나라는 부유했지만 부패에 젖어 주周나라에 망했다. 상나라는 바다에서 잡은 조개가 재부의 중심이었다. 조개껍질貝로 낚시 도구, 옷을 만드는 바늘 등으로 부富를 이루었으나 주나라는 양羊을 키우는 목축업으로 가난하지만 정직했다. 현재 한중일이 공통으로 쓰고 있는 상인商人, 상업商業은 나라를 잃은 상나라 유민과 그들의 생업을 의미한다. 인류의 역사는 괘종시계의 추처럼 양의 문화와 패의 문화가 반복되어 왔다.

태극과 태극기

서울 종로구에 삼청공원과 성북동의 삼청각은 중국의 도교와 관계된다. 조선 왕조 시대 삼청공원이 있는 숲속에 도교사원道觀 삼청전三淸殿이 있었기에 1940년 도시 공원 제1호로 지정될 때 삼청 공원의 이름을 얻었다. 삼청은 도교 최고의 신神 천존天尊이다. 근처에는 도교 관련 관청인 소격서昭格署가 있었다. 지금 종로구의 소격동이 여기서 유래된다.

중국의 민속 신앙이기도 한 도교는 한반도에 유교, 불교에 비해 비교적 늦게 7세기경 전래되었다. 당나라에서 벼슬을 한 최치원이 도교의 영향을 받아 자연을 벗하며 전국을 순례하였다.

도교 사원에 가보면 태극과 8괘가 여기저기 그려져 있다. 도교는 만물을 음양으로 구분하여 태극과 8괘로 우주를 풀이한다. 우리의 국기 태극기도 도교의 태극과 무관하지 않다. 몽골공화국의 국기에도 태극이 조그맣게 들어 있다.

근세 처음으로 국기를 만들 당시 고종이 도안한 어기御旗인 '태극 8괘도'를 변형하여 태극기를 만들었다고 한다. 도교의 태극이 좌백우흑左白右黑인데 반해 우리의 태극기는 흰색 바탕에 반청반홍半靑半紅의 태극 무늬에 조선 8도를 나타내는 8괘(지금은 건 감 곤 리 4괘로 바뀜)로 둘러 싸여 있다. 흰색은 백성을, 푸른색은 신하를, 붉은색은 임금(民白 臣靑 君紅)을 나타낸 것으로 고종의 군민일체君民一體 사상을 표현한 것이라고 한다.

한자를 통해 본 고대 중국의 인문지리

한자漢字의 발상지가 중국이므로 한자를 통해 과거 중국의 인문지리 상황을 알 수 있다. 동쪽의 동東을 자세히 보면 나무木에 태양日이 걸린 모습이다. 이는 고대 중국은 지금과 달리 숲이 많았다는 것을 알 수 있다. 고대 중국인은 아침이 되면 숲속에서 떠 오른 태양을 기억하고 있다. 숲이 많은 고대 중국에는 아프리카처럼 코끼리象도 모양이다. 한자 상象은 코끼리 모습이다.

그런데 지금은 황토 고원을 위시해서 대지가 벌거숭이로 남아 있다. 그 많은 수림이 어디로 갔을까. 고대 중국인은 하늘에 제사를 지내면서 엄청난 크기의 청동제기를 만들기 시작했다. 청동제기는 광물을 녹여 청동을 뽑아내어 만든다. 많은 나무를 잘라서 화목火木으로 써야했다. 나무는 자르지만 심지를 않았다. 수림과 함께 코끼리도 사라졌다.

불교의 사찰에는 어미에 반드시 '사寺'를 부친다. '사'를 종교 시설로 보지만 본래 한漢나라 시대에는 정부의 관청을 의미하는 접미사였다. 후한시대 불교가 처음으로 중국에 소개될 때 인도의 스님이 백마白馬에 불경을 싣고 왔다고 한다. 한나라는 불교의 사절(스님)을 예우하기 위해 정부의 관청으로 영빈관인 홍로사鴻臚寺에 스님 일행을 모셨다. 지금도 고려와 조선 시대의 관청의 접미사에 사寺를 쓰지만 사찰과 구분하여 '시'로 읽는다(예: 軍器寺군기시).

관청을 의미하는 사寺의 권위가 좋아서일까. 외래 종교로서 관청으로부터 보호를 받고 싶어서일까. 그 후 불교의 사찰에는 반드시 '사'를 붙여 정부로부터 보호를 받고 있다는 인상을 주어 생존에 도움을 주었는지 모른다. 한국과 일본은 불교 전래와 함께 그대로 사寺를 자랑스럽게 쓰고 있다.

한중일의 한자 조어造語

우리가 흔히 쓰는 한자 단어는 중국이나 일본에서 만든 것이 많다. 한자는 본래 중국 것이지만 한중일 3국 중 가장 근대화가 빨랐던 일본에서 한자를 이용하여 서양의 새로운 개념을 표현하였다. 서양 문화를 접촉하기 시작한 메이지明治 유신 이후 일본의 학자들이 번역의 필요를 느껴 만든 한자 조어다.

정치, 경제, 사회, 문화 등 우리의 신문 지상에 오르는 한자 단어의 70% 이상이 메이지 유신 후 일본의 학자들이 만든 글자라고 보아도 틀리지 않는다. 한국이나 중국은 일찍이 일본에 유학한 학자들에 의해 일본에서 만들어진 번역어를 역수입해 쓰고 있는 셈이다.

은행銀行이란 글자를 보자. 일본의 학자들은 동양권에는 없는 서양의 뱅크bank를 번역하는 것이 어려웠다. 그래서 풀어서 뜻이 통하는 다른 언어를 만들었다. 당시 은본위제라 돈 즉, 은銀을 사고

파는 비즈니스^{行}를 은행이라고 불렀다. 처음에는 은고^{銀庫}라고 했다지만 고^{庫}는 돈을 가두어 두는^{stock} 현상만 생각했다. 은행은 돈의 흐름^{flow}이 중요하므로 거래의 의미의 행^{行}이 적합하다고 생각하여 글자를 '은행'으로 바꾸었다고 한다.

그러나 일부 한자 언어는 중국에서 만든 것도 많다. 중국은 명 말^{明末} 마테오 리치 등 서양의 선교사가 들어 와서 당시 라틴어를 중국어로 번역하였다. 기하^{幾何}는 라틴어의 'geo'를 발음대로 표기한 것으로 보인다. 유럽을 의미하는 구라파^{歐羅巴}도 중국어 발음대로 표기한 것으로 중국 발음으로 읽으면 '오우로파'가 된다. 마테오 리치가 만든 세계지도를 보면 현재 우리가 사용하고 있는 세계 지명이 당시 만들어진 것임을 알 수 있다.

현재 우리가 사용하는 번역어의 유래가 중국제인지 일본제인지 한자어의 어순으로 알 수 있다. 중국어의 기본 문형은 영어처럼 '주어+동사+술어$^{(목적어)}$'로 나열되고 일본어는 우리말처럼 '주어+술어+동사' 순서가 된다. 한자어의 구성이 전자에 속할 경우 중국제, 후자에 속할 경우 일본제로 볼 수 있다.

우리가 쓰는 금융^{金融}은 일본제다. 돈$^{(금)}$을 융통한다는 뜻이기 때문이다. 중국에서는 중국식으로 융금^{融金}이라는 말도 함께 쓴다. 중국식 표현이다. 중국과 일본의 영유권 분쟁이 되고 있는 동중국해의 작은 섬을 중국에서는 조어도^{釣魚島}로 일본에서는 어조도^{魚釣}

島로 부르고 있다. 낚시를 하는 섬이라는 의미이지만 어순에 따라 글자의 위치가 바뀌어 있다.

우리나라에서 일본이 만들어 놓은 번역어를 그대로 쓰다 보니 웃지 못할 일도 생긴다. 독일獨逸이나 낭만浪漫의 말은 일본인이 자신들의 발음에 맞는 한자를 찾아 사용한 글자다. 한자는 발음부호로 사용되어 글자 자체에는 특별한 의미가 없다. 따라서 일본의 한자 발음과 다른 발음을 하는 우리나라에서 일본이 쓰는 한자를 그대로 쓰는 것은 맞지 않다. 독일로 발음하지 않고 '도이치'로, 낭만이 아니고 '로망'이라는 본래 음音으로 발음해야 한다.

한중일 정원 비교

3국 정원의 공통점과 차별성

박경자 (사)전통경관보전연구원 원장

1

인접한 한국과 중국, 일본은 동일문화권으로 먼 옛날부터 넓은 한울타리 안에서 서로 다투면서도 공생해 왔다. 생활하는 방법 그리고 생각하는 법까지 찬찬히 들여다보면 대동소이해서 '그러면 그렇지, 뿌리가 여기에 있구나' 하고 새삼 느껴진다.

한국을 찾는 외국 관광객의 대다수는 중국, 일본인이다. 거리상으로 인접한 탓도 있지만 그들에게는 문화의 이질감이 적은 동질성과 더불어 비슷하면서도 독특함을 보이는 한국 문화의 차별성이 매력적일 것이다. 한국, 중국, 일본 문화와 3국 정원의 비교 연구에 의해서 이러한 공통점과 차별성은 확실해진다.

현재까지 중국 관광객인 유커 수가 증가하고 있으나 이전의 단체관광 수준에서 개인별로 선택해서 찾아가는 선호 관광으로 패턴이 바뀌고 있다. 그들은 맛집도 찾겠지만 먼저 인상적인 명소를 찾고 있다. 유적지로만 한정하지 않고 일상에서 편안한 느낌, 무언가 통할 것 같은 느낌을 주는 곳을 쉼터로 찾을 것이다.

필자가 서울 한복판에서 일하며 생활하고 있어서, 주변에 새로 생기는 휴게공간시설인 쉼터를 더 빨리 접하고 즐길 수 있다. 어느 카페를 수리한 곳을 가보니, 앞마당에서 보행자들이 돌의자에 앉아 쉬고 있는 곳 너머까지 내부가 보이도록 열어젖힌 벽문을 통해서 연결하고 있었다.

이제 담장 안에 화초만 심고 가꾸던 정원 개념이 변하고 있다. 우리의 전통에서 나타나는 공간 개념, 구조물, 시설물 등 독특한 공간 특성을 비롯하여, 3국 정원 비교에서 나타나는 차별성이 현대에서 재해석된 공간으로 독특하게 표현되고 있고, 앞으로도 그래야만 할 것이다.

2

동양인에게 산수^{山水}는 자연을 대변한다. 자연의 빼어난 경치를 즐겼던 우리 선조들은 이전에 보았던 아름다운 경치를 회상하며 자신의 마당에 정원을 꾸미고 가꾸었다.

수려한 산 대신 인공의 가산^{假山}을 만들고 연못을 파고 꾸몄다. 단순히 가산과 연못을 만드는 대신 여기에 상징적인 뜻을 주었다. 서양인이 정원에서 '유토피아'와 '파라다이스'를 꿈꾸었다면, 동양인은 '불로불사^{不老不死}'와 '불로장생^{不老長生}'의 영생^{永生}을 꿈꾸었다.

3

영원히 늙지 않고 죽지 않는 불로불사의 세계에 도달하고 싶어하는 욕망이 일반인들 사이에 널리 퍼지기 시작한 때는 중국의 전국시대^(BC 403~221)부터다. 신선사상의 영향으로 불로불사를 원하며 정원에 연못을 파고 신선이 산다고 믿었던 영주, 방장, 봉래의 3섬을 만들었다.

진晉나라 왕가王嘉가 쓴 습유기拾遺記에는 봉래산이 묘사돼 있다.

높이는 2만 리요 넓이는 7만 리다. 물은 얕고, 자잘한 돌이 금옥과 같아서 돌을 다듬지 않아도 자연적으로 빛이 나고 맑으니 신선이 그것을 복용한다.

동쪽에는 울이국이 있는데 당시 거기에 금빛 안개가 있었다. 모든 신선은 이 위에서 항상 떠다니며 오르내렸고 산 위에는 누각 같은 것이 있는데, 집은 항상 밝은 곳을 향한 채로 문이 열려 있었다.

한무제(BC 156~87)는 현실적으로 이루어질 수 없는 신선의 세계를 그리며 건장궁 북쪽 태액지에 신선도神仙島를 만들었다. 한무제는 이곳에 돌로 만든 물고기와 거북이를 두었다.

먼저 돌 물고기는 길이가 2장(1장은 약 3.03m), 폭이 5척(1척은 약 30.3cm)이다. 돌 물고기이긴 하나 물고기 모양은 아니다. 돌 거북은 두 마리인데 각각 길이가 6척이다.

신선도는 연못 속에 떠있는 모양이다. 연못 중심에 점대라고 하는 물에 잠긴 건물도 있었다. 이 건물은 높이가 20여 장이고 점대 중심에는 석어 1마리, 석구 2마리가 수영하는 모습이었다고 한다.

점대에도 동銅으로 만든 선인仙人 등이 놓여 있었을 것이다. 점대는 봉래산蓬萊山이다. 돌로 만든 물고기 세 마리와 거북은 방장方丈,

영주瀛洲, 호량壺梁 등을 나타냈다.

아스카시대 이후 가미쿠라시대부터 일본 정원은 중국의 신
선사상 영향을 받아 봉래산을 연못 중앙 섬에 만들었다.
당시 일본인들은 봉래산에는 반드시 소나무를 심는다고 여
겼는데, 소나무가 없는 경우는 거북 모양의 돌을 설치했다고 한다.
봉래산은 길상吉祥을 나타내는 거북과 학을 상징하는 돌 등과 함께
일본 정원의 중요한 구성요소다.

1959년 중국 산시성 시안西安시 서쪽 교외에 있는 당시대 묘
唐墓에서 나온 주택 모형 후원後院에는 팔각정과 함께 역사상 최초로
보이는 석가산 유물이 있다.
석가산은 험준하고, 산과 봉우리는 여러 겹 쌓여 있고, 녹색
이 깔린 자리와 같고, 새들이 혹 산간에서 노래하고, 연못가에서 물
을 마시는 모양이다.

당시대의 석가산과 동도東都 낙양의 유명한 정원을 기록한 이
격비李格非의 '낙양명원기洛陽名園記'에서는 당시의 귀족 정원은 돌을
쌓아 가산과 동굴을 만들었고 연못을 파고 누정을 짓고 화목을 심
었다고 전하고 있다.

일본 나라시대 헤이조큐 도인 정원에서는 중심에 돌 하나가 우뚝 서 있고, 이 돌은 홍교反橋를 향해 기울어져 있다. 주변에는 비교적 가파르지 않게 돌들이 배치됐다. 돌 각각은 동굴 모양이며 봉래산 중의 신선이 산다는 동굴을 의식했던 것 같다.

신라시대 안압지 중앙에 있는 작은 섬은 발굴된 흔적으로 볼 때, 중국 한漢 건장궁建章宮 태액지太液池와 일본 나라의 도인 정원과 비교할 수 있다. 작은 섬은 삼신산의 하나인 봉래도이고, 돌을 쌓아 만든 석가산으로 보이며 한국에서 가장 오래된 석가산 유적일 것이다.

안압지 발굴 때 드러난 자연석과 발굴 흔적을 그린 도면, 동시대의 중국과 일본의 돌 배치 스타일 등에서 안압지를 만들 당시의 돌 배치 상태를 상상할 수 있다.

안압지 북쪽 호안의 돌 배치는 일본 나라 도인 정원에서 우뚝 선 돌이 홍교를 향하여 기울어진 것과 거의 같다. 안압지 북쪽 호안의 우뚝 선 돌은 못 중앙에 있는 작은 섬이며 삼신산인 봉래도를 향하는 것 같다.

안압지 발굴 때 드러난 작은 섬의 돌쌓기 방식은 한 건장궁도의 태액지에서 '연못 속에 떠있는 모양으로 놓여있고 섬을 쌓고 그 위에 장식했다. 점대의 중심에는 석어가 1마리 석구가 2마리가 수영하는 모습을 하고 있다고 상상된다'와 거의 같은 모양이다.

4

　　중국 정원에서는 태호석을 가장 많이 사용한다. 태호석은 중국인이 가장 사랑하고 즐기는 돌이다. 중국 당시대 시인 백거이白居易는 '태호석기太湖石記'에서 태호석을 상찬했다.

　　돌에는 종류가 있으니, 태호太湖에서 모은 것이 으뜸이고 나부산羅浮山과 천축天竺의 것이 그다음이다. … 구불구불 높이 솟아 신령스런 언덕에서 피어나는 고운 구름과 같고, 바르고 의젓하게 꼿꼿이 서 있는 것이 도사道士나 신선과도 같고, 치밀하고 윤택하며 깎아지른 듯한 것이 홀이나 제기와 같고, 날카롭고 모난 것이 칼이나 창과 같은 것도 있다. 또 뿔 없는 용이나 봉황 같은 것이 있어 웅크리는 듯 움직이는 듯하거나 날아오르려는 듯 뛰어오르려는 듯하고, 귀신이나 짐승과 같아서 걷는 듯 달리는 듯하거나 후려치거나 싸우려고 하는 것도 있다. 바람이 거세고 비 내려 어두운 저녁에 골짜기가 열려 구름을 들이마시고 우레를 토해내는 듯 우뚝하여 바라보기에도 두려워할 만한 것이 있는가 하면, 안개가 걷히고 경치가 아름다운 새벽에 바위 낭떠러지에 구름이 잔뜩 껴서 마치 푸른 산기운을 품어내는 것 같아서, 자욱하니 가까이서 즐길 수 있다. 이런 모습이 아침저녁으로 바뀌어 이름 짓거나 형용할 수가 없었다. 즉 삼산三山과 오악伍岳, 수많은 골짜기와 계곡들이 촘촘히 모여 모두 그 안에 있다고 하겠다. 백 길이 한 주먹이 되고 천 리가 눈 깜짝할 사이가 되어 앉아서 얻을 수가 있으니, … 그러나 저절로 한번 이루어져 변화되지 않은 후로 몇 천만 년이 흘렀는지 알 수 없지만, 바다 한 귀퉁이에 버려지거나, 호수 밑바닥에 잠기기도 했을 것이다. 높은 것은 거의 몇 길이나 되고 무거운 것은 천 균鈞(무게 30근)에 가까운데, 하루아침 사이에 채찍질하지 않았는데도 왔고 다리가 없는데도 도착하여 기이함을 다투고 괴이함을 자랑하여…

중국 북송 때의 문인 미원장米元章이 말하는 이름난 돌 즉, 태호석은 네 가지 빼어난 점을 갖춰야 한다. '투透·준浚·수秀·수搜'의 사원칙이다. '투透'는 구멍이 뚫려 있고, '준浚'은 석면에 주름이 있어야 하고 '수秀'는 격조 높은 기품을 풍겨야 하며 '수搜'는 돌의 살이 여위어 있고 그러면서도 강한 선을 지닌 것이어야 한다.

태호太湖는 중국 장수성과 저장성 사이에 있다. 태호 안에는 자그마한 산들이 많이 있다. 태호석은 바로 수조우의 동서쪽 동정산 부근의 호수 밑바닥에서 산출된다. 태호석은 결이 가로세로 사방으로 뻗어 있어, 이리저리 뒤엉켜져서 있다. 돌 표면에는 전체적으

222

로 구멍이 많이 뚫려 있어 요철凹凸을 만든다. 풍랑에 의한 충격 때문으로 이것을 탄자와彈子窩(총알에 벌집처럼 난 구멍)라고 부른다. 두드리면 은은한 소리가 난다.

태호석은 키가 크고 몸체가 거대한 것을 귀하게 여긴다. 그러나 헌당軒堂의 건물 앞에 세워놓는 재료로 적합할 뿐이다. 혹은 키가 큰 소나무나 기이한 꽃나무 아래에 놓기도 한다. 가산을 만들 적에는 정원의 널찍한 정사亭榭의 건물 속에 나열하는데 그럴 경우 웅장하고 위엄 있는 풍경을 한껏 보여주게 된다.

가산 중 붓글씨 쓸 때 먹물을 담는 연적으로 사용하는 옥가산은 옛 모습을 재현한 것들이 많다. 옥가산은 주로 사랑채 문갑 위에서 볼 수 있는 연적이다. 조선 말기 문인 유도원柳道源은 '노애집蘆厓集'에 쓴 '옥가산기'에서 옥가산의 생김새와 명산의 폭포를 상징했고, 와유의 즐거움을 기록했다.

어리석은 나는 산을 옮기고자 한 지가 오래됐는데, 올해 겨울에 소옹素翁 김정지金定之가 옥가산을 짊어지고 찾아와 나에게 주었다. 내가 절하여 받고 완상하였다.

산은 모두 다섯 봉우리인데 가운데 있는 것은 가파르고 높았다. 양옆으로 가면서 조금씩 낮아지며 빼어남을 겨루는 것이 넷이었다. 사면에는 기암괴석이 이루 헤아릴 수 없이 많았고, 바위틈과 돌 구멍에는 때로 사찰을 두기도 했다.

그 가운데를 비워 물 한 되를 담을 수 있게 하고, 동쪽과 서쪽 두 봉우리에 물이 들어오고 나가는 구멍이 있다. 때때로 물이 나와 흐르면 마치 높은 산에서 떨어지는 폭포와 같이 황홀했다. 완상하며 음미하노라니, 백두산의 장백폭포와 향로봉의 비류飛流폭포를 앉아서 보는 것 같았다.

나는 평소 산수에 대한 벽癖이 있었지만 만년에 기거하는 곳에는 즐길 만큼 아름답고 빼어난 산수가 전혀 없었다. 다행히 이 옥가산을 얻어 문을 나가지 않고도 두 가지 즐거움을 갖추게 됐으니, 옛 사람이 와유臥遊할 밑천으로 삼았던 것뿐만이 아니었다.

괴석怪石은 흔한 돌과 생김새가 달라서 붙인 이름이다. 괴석은 돌로 만든 분에 담아 화단에 배치하거나 땅에 바로 세우기도 한다.

우리나라 괴석은 중국 태호석보다는 작고 소박해 보이는데 궁궐이나 민가 정원에서 많이 애용됐다. 중국인들은 기괴한 모양의 태호석 덩어리를 즐겨 완상했고, 이 태호석은 우리 민화에서도 종종 볼 수 있다. 서울 안국동 고 윤보선 대통령 생가에도 자그마한 태호석 몇 덩어리가 있다. 중국과 교역할 때 태호석이 들어오거나 중국에서 선물로 받은 것 같다.

　　일본 헤이안 시대 정원석은 그림과 문헌 속, 또 정원 발굴 때 나오는 질감이 거친 돌이다. 교토 북쪽의 기타야마 산지에서 수암이 생산되는데, 강 속에서 오랫동안 구르면서 둥그런 모양이 되는 화강암이나 현무암과 달리 수암은 강도가 다른 퇴적층으로 만들어져 침식이 진행되면 아주 복잡한 모양을 만든다. 이 돌을 정원 만들 때 썼다.

　　교토 동쪽 경계를 이루는 히가시 산은 대부분 화강석이며, 이 화강석은 흰색 장석과 회색 석영, 검은색 운모다. 화강석은 지표면에 노출되면 쉽게 분해되며 산에서 흘러가는 강에서 볼 수 있는 하얀 모래를 만든다. 정원의 남쪽 뜰에 바닥을 깔거나, 연못이나 계류에 거친 바닷가의 풍경인 스하마^{洲浜}를 만들 때 이 모래를 썼을 것이다.

5

벗 성현^{成俔}과 함께 성임의 집을 출입했으며 '석가산폭포기^{石假山瀑布記}'를 쓴 채수^{蔡壽(1449~1515)}는 성임의 가산을 본떠 만들었고, 성

현은 채수가 만든 석가산의 모습을 형용한 시에서 가산의 형상이
실제 자연 형상과 똑같다고 했다.

峥嶸起峯巒 여러 봉우리들이 가파르게 일어나고,
呀豁分隧竅 온갖 골짜기 깊이 나뉘어 있네.
苔花牛斑駁 이끼와 꽃이 서로 섞여 있고,
杉楊雜蘿蔦 소나무와 버들은 쑥과 메꽃에 섞여 있네.
渴鳥吐飛泉 갈오는 흩날리는 샘물을 토해내고,
晴雪散巖峭 눈발 그쳐 가파른 바위에 흩어지네.
隱隱有招提 멀리 아스라한 사찰이 있어
朱碧林間耀 붉고 푸른빛이 숲 사이에 빛나네.

중국 송나라 간악艮岳은 천하제일의 가산을 자랑했다. 장호張
滉는 '간악기艮岳記'에서 다음과 같이 전했다.

송나라 수도 개봉開封에 있는 황제의 정원에, 강남江南 여러 산에
서 가장 진기하고 특이하며 아름다운 돌을 모으고 기이한 봉우리가 교
묘하게 합해서 천하의 아름다움을 담아 고금의 승경을 보관함이 여기에
서 다했다.

송나라 휘종徽宗 때(1117년)에 황제의 정원에 만세산萬歲山을 만들었다. 수도 개봉 동북쪽 모퉁이에 있어서 '간악艮岳'이라 불렀다. 휘종은 '간악기'에서 깊은 연못과 여러 산에서 가장 진기하고 특이하며 아름다운 돌을 모아왔다고 한다.

조수祖秀의 '화양궁기華陽宮記'는 간악을 만든 법을 자세히 나타냈다.

배에 바위를 싣고 수레로 흙을 나르며 군사 만 명을 풀어 높이 십여 길의 산을 쌓고, 태호·영벽의 바위를 더하니 가파르고 빼어나 하늘의 조화를 빼앗았다. 바위는 모두 격노하고 부딪치는 듯하고 마치 할퀸 듯 물어뜯은 듯하여… 천태만상으로 기괴함을 더하였다. 거기에 구불구불한 나무와 마른 덩굴을 보태고 황양목과 푸른 대나무를 그 위에 덮었다. 또 구불구불한 형세를 따라 바위를 쪼개어 길을 열고 험한 곳에는 돌다리를 설치하고 허공에는 잔도를 놓았으며 꼭대기에는 높은 나무를 더했다. … 산의 위아래에는 사방의 진기한 새와 짐승을 가져다 놓았는데 걸핏하면 수만으로 헤아려졌다.

일본에서는 원래 정원이라는 말이 없었고 돌 놓기를 입석立石이라고 하여 정원 만들기를 뜻했다. 일본 정원에서 돌 놓기는 매우 중요한 정원 만들기였다.

　　이것은 불교, 풍수와 마찬가지로 외래 문화의 영향이고, 돌은 고대로부터 기도의 대상이며 이러한 신성한 돌은 이와쿠라라고 해서 생명체로 여기고 오늘날에도 종교 생활의 하나가 되고 있다. 사람이 만든 가짜 산인 가산과 같은 뜻으로 일본에서는 산을 쌓아 올린다 하여 축산築山이라 한다. 대표적인 축산은 수미산須彌山과 봉래산이다.

　　니혼쇼키日本書紀 '스이코천황 20년조'에는 백제인 노자공路子工에게 일본의 궁실 남쪽 정원에 수미산을 쌓아올리고, 구레하시鳴橋(사닥다리 모양의 계단)를 만들게 했다는 기록이 있는데, 이것이 최초로 일본 정원에 만든 수미산이다. 헤이안시대에 쓴 '사쿠테이키'에는 '저택을 장엄하게 만들려고 고대 인도에서 말하는 불교 세계의 중심에 솟아 있고 세상을 만들고 있다는 구산팔해九山八海를 상징하는 수미산을 만든다'고 적혀 있다. 또 '불로불사하는 신선이 산다는 봉래산은 연못 가운데 섬에 만든다'고도 전한다.

6

　　송나라 유학자 주돈이周敦頤의 '애련설愛蓮說'은 연꽃에 대한 예찬을 통하여 명리를 탐하는 세속의 풍조에 휩쓸리지 않는 고고한 군자 성신을 드러내고 있다.

물이나 땅에서 자라는 초목의 꽃은 사랑스러운 것이 아주 많다. … 나는 연꽃을 특별히 사랑하는데, 연꽃은 진흙 속에서 자라지만 더러움에 물들지 않으며, 맑고 잔잔한 물에 씻겨 청결하되 요염하지 않으며, 줄기 속은 비었으되 겉은 곧으며, 덩굴도 뻗지 않고 가지도 치지 않으며, 향기는 멀리 갈수록 더욱 맑아지며, 꼿꼿하고 맑게 심어져 있어, 멀리서 바라볼 수는 있어도 얕잡아 보아 함부로 다룰 수는 없다. … 연꽃은 군자를 상징하는 꽃이다蓮花之君子耆也.

연의 종류는 수천 가지나 현재 제한된 공간의 정원에는 수련을 많이 심고 있다.

경남 함안 무기마을의 안쪽 중앙에 있는 무기연당은 '이인좌의 난' 때 의병을 일으킨 국담菊潭 주재성周宰成이 18세기 초 별당에 만든 정원이다.

'하환정도何換亭圖'는 네모난 연못에 네모난 섬 형태의 무기연당을 중심으로 그렸다. 연못은 호안에 단을 둔 것이 특징이다. 양심대는 2단이며 석가산을 쌓고 괴석을 배열하였는데, 그 중에는 '백

세청풍百世淸風'과 '양심대養心臺'라 새긴 괴석도 있다.

연못과는 다르지만 중국 진시대부터 음력 삼월삼짇날 흐르
는 물에 잔을 띄우고 그 잔이 자기 앞에 올 때까지 시를 읊지 못하
면 벌주를 마시던 곡수연의 풍속이 있었다. 항저우 근처의 샤오싱紹
興에 진시대 난정蘭亭 유적이 있고 후대로 전해내려 온 풍속이다. 일
본에도 이 풍속이 전래되었고, 중국이나 일본은 근래에 곡수연 풍
속이 복원되어 많은 호응과 사랑을 받고 있고 한국은 경주시에서
유상곡수연을 복원 준비 중이다.

7

13세기 일본에서는 중국 선禪의 영향을 받아, 불필요한 것을
배제하는 가르침으로부터 가레산스이 정원이 발전했다.

일본 전통정원 스타일은 차실이 있는 다정, 걸으면서 감상하
는 회유식 정원, 상징성과 축약성이 뛰어난 가레산스이 정원으로
대표되며, 전통을 현대적으로 재해석하여 끊임없이 불필요한 것을
삭제하며 본질적인 것을 추구하는 미니멀리즘의 경향이 뚜렷하다.

도시 내 좁은 공간의 정원과 다정茶庭, 가레산스이 정원에서

이러한 경향이 뚜렷하다. 특히 시게모리 미래이重森三玲의 모던 가레산스이 성원은 무로마치室町시대의 명상하는 선禪의 정원인 가레산스이 스타일을 현대화시킨 대표적인 작품이다.

근대 이후 일본 전통정원은 뛰어난 단순미와 추상미를 자랑하면서 오늘날 미니멀리즘 공원 스타일의 기본 모델이 되고 있다.

요즘 아파트 단지에 많이 만들고 있는 석가산은 과거 우리 조상들의 자연 산수에 대한 지극한 깊은 애정의 표현이다. 젊었을 때 가봤던 인상적이었던 자연 산수를 그리워하며, 산수를 사랑하는 고질병泉石膏肓이 되어서 집안에 자연을 끌어들여 뜰에 석가산을 만들고 연못을 파서 즐겼다.

가산을 만든 역사는 길고, 그동안 훼손된 것도 적지 않다. 요즘 모 건설회사들에서 아파트 단지 내에 만들기 시작한 석가산은 아파트 평당 가격을 올릴 만큼 인기가 있다.

중국에서 새로 신축하는 아파트 정원에는 석가산을 재해석한 또 다른 모습으로 조형물을 사용하기도 한다.

중국 고객, 중국 동료, 중국의 반도체 산업

내가 경험한 중국, 중국인

윤규식 주식회사 에피르 대표

중국에 처음 간 날

안개인지 스모그인지 잘 구분이 안 되는 뿌연 연무를 뚫고 활주로에 내려앉은 비행기가 트랩을 향해 움직이자 좁은 창 밖으로 비치는 광경들이 이 나라에 대한 첫인상으로 밀려 왔습니다.

활주로 너머로 펼쳐진 황량한 벌판에서는 여름비가 부슬부슬 내리는 가운데 족히 100명은 될 법한 사람들이 군복으로 보이는 두툼한 코트를 입고 삽과 곡괭이를 무장하고 공항 건물 뒤편에서 땅을 고르고 있었습니다.

"여기가 중국이구나…"

제가 처음으로 중국을 방문한 시기는 1999년 여름이었습니다. 당시 저는 네덜란드 반도체 장비회사에 몸을 담고 있었습니다. 중국 텐진에 설립된 모토로라 반도체 현지 공장에 판매한 장비에서 심각한 문제들이 보고되었고, 그게 소프트웨어 때문일 것이라는 확실하지 않은 루머가 돌고 있었습니다.

소프트웨어 스페셜리스트software specialist라는 직함을 가지고 있었고 기흥에서 근무하고 있었던 제가 유럽인들이 보기에 가장 가까운 거리에 있었죠. 당장 비자를 만들어 현지로 가보라는 명령이 떨어졌습니다.

텐진 지점에서 기술팀을 맡고 있던 장 웬장(이하 미스터 장)이 낯선 입국장에서 두리번거리는 저를 반갑게 맞아주었습니다. 이미 대만에 여러 차례 다녀왔기 때문에 '중국인은 이럴 것이다'라는 예단을 하고 있었고, 중국 측에 있는 사람들이 아무래도 뭔가 부족하고 미숙할 것이라는 선입견을 가지고 있었죠.

미스터 장은 저에게는 직접 대화를 나눈 첫 번째 중국인이었고 제 선입견을 초장에 무너트리고 중국에 대해 진지한 이해를 할 것을 요구한 장본인입니다.

중국에서 제작된 것으로 보이는 다소 조잡한 빨간색 LPG 택시에 올라타니 허술한 시트가 좌석에 걸쳐 있었고 차 안에는 담배 냄새가 짙게 배어 있었습니다. 귀가 찢어질듯한 라디오 소음을 줄이라고 높은 톤의 중국어로 택시 기사에게 요구한 미스터 장은 정색한 표정으로 고개를 돌리더니 유창한 영어로 분위기를 주도하기 시작했습니다. 미스터 장은 곧바로 고객들과 미팅을 하기 위해서 공장으로 직행해야 한다고 했고 제 동의를 구하자마자 덜그럭거리는 택시가 움직이기 시작했죠.

낯선 곳에 도착하자마자 깡통 같은 택시에 실려 고객과의 미팅에 불려가는 모양새가 예약된 도살장으로 끌려가는 수탉 신세라 풀이 죽어 바싹 긴장하고 있는데, 미스터 장은 한국과 한국인에 대해 수다스럽게 칭찬을 늘어놓으며 저를 안심시키려 했습니다.

한국은 당시에 IMF 외환 위기를 막 수습하는 단계였고 인건비 절감을 위해서 공장들을 중국으로 대거 이전하는 상황이었습니다. 나중에 알게 된 사실이지만 중국으로 이전한 현지 공장에서 한국인 관리직들이 저임금 노동력을 제공하는 중국인들을 다소 폄하하는 분위기가 만연해 있었다고 합니다.

이러한 분위기를 미스터 장도 의식했는지 제가 중국 반도체 업계에 대해 어떤 생각을 가지고 있는지 파악하려 했고, 중간중간에 중국 고객의 수준이 상당히 높다는 점을 여러 차례 강조했습니다.

울퉁불퉁한 도로와 낡은 건물 사이로 보이는 삭막한 시골 풍경을 30분 정도 달려서 목적지에 도착하자 서구적인 외관을 한 공장 건물들이 한 눈에 들어왔습니다. 중국에 들어선 외국합자 회사의 전형적인 모습이었습니다. 사태가 심상치 않았던지 도착하자마자 회의실로 안내되었고 이미 여러 사람들이 기다리고 있었습니다.

미국 회사가 50% 이상 출자한 회사이기는 하지만 모토로라의 직원들은 대부분 중국인들이었고 영어를 능숙하게 구사했습니다. 미스터 장이 사전에 고객사의 상당수 인력들이 유학파 출신이고 해외 근무 경험이 많다는 정보를 주지 않았다면 중국에 대해 선입견에 빠져있던 저로서는 당황했을 것입니다.

외국계 기업 근무의 장점이라면 여러 나라를 방문하면서 다른 언어를 구사하는 다양한 국적의 사람들을 자연스럽게 만날 수 있다는 점입니다. 굳이 그 나라의 역사나 사회를 공부하지 않아도 그들과의 만남을 통해서 그 나라 사람들의 문화를 체득할 수 있습니다. 그런 면에서 가장 가깝지만 멀게만 느껴졌던 중국의 첫 방문은 중국의 실제 모습과 제 선입견과의 괴리를 체험할 수 있게 해주었습니다.

대한민국의 기업 문화는 세계적으로 유명합니다. 밤늦게까지 일하고, 주말에도 일하며, 행여나 식사라도 같이 하게 되면 일에 관련된 질문을 하며, 짧은 휴가조차도 일하러 나오기 일쑤라고 알려져 있지요. 처음 한국을 방문했던 네덜란드 사람들도 고객을 만나고 나면 한결같이 '빨리빨리'라는 단어를 배우고 돌아갑니다.

　　삼성전자, 하이닉스로 대표되는 대한민국의 반도체 회사들은 반도체 소재나 장비 업계에서는 세계 최대의 고객입니다. 웬만큼 알려진 반도체 관련 기업들치고 우리나라 반도체 업체들을 고객으로 두지 않은 곳이 드물 정도이지요. 하지만 외국인들이 우리 반도체 기업과 거래하면서 처음 접하는 한국의 독특한 기업 문화는 대한민국의 이미지로 그들에게 각인되고 극단화된 갑을 관계에서 적지 않은 당혹감을 표하는 게 사실입니다.

　　미팅은 의외로 차분했고 매니저 직급을 가진 중국 고객들은 오랫동안 알고 지내던 친구처럼 대화를 이어나갔습니다. 그들은 처음 도입한 장비에서 발생하는 문제가 자신들을 무척 고통스럽게 만든다는 사실을 인지시키려고 노력했습니다. 한국 고객과의 미팅처럼 공격적이고 난상토론이 난무하거나, 대만 고객과의 미팅처럼 무거운 분위기에서 일방적이고 조용한 훈계를 들을 것이라고 짐작했던 중국 고객들과의 첫 번째 미팅은 예상과 달리 침몰 직전의 배 위에서 끝까지 왈츠를 연주하는 악사들이 등장하는 영화의 한 장면처럼 끝났습니다.

　　장비가 있는 현장으로 안내되어 컴퓨터 앞에 서 있는 중국 엔지니어의 설명을 듣고 나니 안도감이 밀려왔습니다. 매뉴얼에 명

시되지 않은 사항에 대한 혼란 때문에 소프트웨어가 다운되는 문제들이 있었는데, 한국과 대만의 고객들에게도 동일한 문제들이 지난 몇 달 동안 보고되었고 이미 대책이 마련되어 있었기 때문입니다.

처음 만난 중국인, 중국 고객들과 친구로서 헤어질 수 있었습니다.

톈진 시내에 있는 호텔에 데려다 주면서 미스터 장은 한국인에게 대해 가지고 있는 인상을 솔직하게 이야기해주었습니다. 자부심이 강하고 열정적이고 능력이 좋고 헌신적으로 일한다는 칭찬일색이었는데 당연한 거 아니냐는 식으로 대답한 제 높은 콧대를 미스터 장도 눈치챘을 것입니다.

저녁식사를 하면서 미스터 장은 급속한 경제 성장기를 맞고 있던 중국이 겪고 있는 빈부격차 문제, 높은 물가 상승률과 낮은 임금, 외국의 경제 제재 때문에 겪고 있는 중국 산업의 난제들에 대해 화제를 삼았습니다. 물론 저는 엄청난 양의 고추와 향신료가 듬뿍 담긴 사천식 샤브샤브(훠궈)의 깊은 맛에 감탄하면서 신선한 고기와 해산물들이 매우 싸다는 사실에 더 감동을 받고 있었습니다.

중국에 처음 간 날, 그동안 책이나 언론에서 듣고 배워왔던 중국의 모습-동양철학의 근원지이지만 공산주의 체제로 인해 혼란을 겪고 있는 나라. 위계질서를 중시하고 복종을 강요하면서 팽창주의를 추구하는 나라-들은 선입견이었다는 생각이 들었습니다. 비록 부분적인 모습이지만 제가 처음 접한 중국은 세련되어 보였지요.

물론 그날 밤 투숙한 외국계 4성급 호텔에서 물이 안 나와 샤워를 할 수 없었다는 점은 제외하구요.

산업의 쌀, 반도체

반도체 산업은 '산업의 쌀'이라고 불립니다. 굳이 전문적인 공학 지식이 없더라도 반도체 칩이 우리 실생활에서 사용되는 주변 물건에 들어 있다는 사실은 쉽게 알 수 있습니다. 반도체가 없으면 TV, 컴퓨터, 스마트폰 등 첨단기기는 존재할 수 없지요. 현대 문명 사회의 필수적인 요소입니다.

제가 13년 간 몸을 담고 있었던 네덜란드의 반도체 장비업체는 삼성전자, 하이닉스 같은 반도체 제조업체들이 IC 칩을 제작할 때 필수적으로 사용하는 리소그래피 장비를 만드는 곳입니다. 반도체 칩은 동그란 접시 모양의 실리콘 웨이퍼 위에 전자회로를 구성하는 여러 가지 재료들로 복잡한 구조물을 쌓아 올려서 제작됩니다. 전자현미경으로 반도체 칩을 확대해서 들여다보면 수많은 파이프와 철골과 기계들로 가득 찬 공장이 끝없이 펼쳐져 있는 듯한 괴이한 모습을 하고 있지요.

2016년 현재, 가장 진보된 제조 공정을 통해 생산되고 있는 반도체 칩의 경우, 전자의 흐름을 통제하는 게이트gate의 두께가 불과 20나노미터도 되지 않습니다. 1나노미터는 1,000,000,000분의 1미터이고 이는 머리카락 굵기에 비해서 10만분의 1도 안 되는 정말 작은 크기입니다. 우리가 매일 마시는 물의 최소단위인 분자의 지름이 0.2나노미터 정도이므로 반도체 칩은 물 분자 100개를 모아놓은 정도 크기의 작은 부품 수억 개가 새끼 손톱만 한 칩 안에 조립되어 있다고 보시면 될 것입니다.

반도체 장비는 이러한 초 극미세 크기의 회로를 실리콘 웨이퍼 위에 제작할 수 있도록 해줍니다. 기술적으로 너무 어렵고 많은 인력이 오랜 기간에 걸쳐 개발을 해야 하기 때문에 이러한 반도체 장비들은 수십 년의 업력을 가진 선진국의 일부 몇몇 업체들이 독점적으로 생산합니다.

이 중에서도 리소그래피 장비는 수십 나노미터에 불과한 극초미세 형상들을 노광 공정이라는 과정을 통해서 실리콘 웨이퍼 가득히 그려주는 역할을 합니다. 20나노미터 크기의 부품을 30센티미터 지름의 실리콘 웨이퍼 위에 모두 그리는 데 걸리는 시간은 불과 30초도 안 걸립니다. 신문사의 윤전기가 초고속으로 많은 신문을 찍어내는 것과 유사한 원리인데 윤전기가 보통 1시간에 10만부의 신문을 찍어낸다면 리소그래피 장비는 동일한 시간 안에 몇만 배

이상의 정보를 찍어낼 수 있습니다.

반도체 산업이 현대 문명 사회를 지탱하는 핵심 기반 산업이기 때문에 중국도 오래 전부터 이 분야를 육성하려고 노력했습니다. 하지만 중국은 정치외교적 문제 때문에 서방국가들의 오랜 견제를 받아 왔지요. 특히 1989년 천안문 사건을 계기로 미국을 중심으로 대 중국 경제 제재 조치가 취해졌고 이 때문에 중국은 20여 년 동안 반도체 제조에 필수적인 설비들을 수입하지 못했습니다.

세계의 공장이라고 불리는 중국이 반도체 산업만큼은 유독 한국에 뒤쳐져 있는 이유가 바로 이것 때문입니다.

중국이 반도체 투자에 나서다. 새로운 동료들

2003년 여름, 그룹장을 맡고 있던 잔Jan이 제가 일하는 책상 앞으로 오더니 잠시 면담을 원했습니다. 중국에 가서 일해볼 생각이 없느냐는 것이었지요. 베이징에 12인치 실리콘 웨이퍼 반도체 생산을 위한 신규 공장이 건설되고 있다는 것입니다.

당시 저는 네덜란드 벨트호벤Veldhoven에 소재한 ASML 본사의 연구개발 조직에서 소프트웨어 팀장을 맡고 있었습니다. 마침 계약 기간이 끝나가고 있어서 연장 계약을 하기 위한 협상을 진행 중이었는데, 새로운 고객에 대응하기 위해서 베이징에 설립하는 새로운 조직을 맡아줄 기술 인력이 필요하다는 것이었습니다.

2000년대에 들어서면서 중미 간에는 화해 무드가 조성되었고 경제 제재가 완화되었습니다. 중국 정부의 지원으로 외국 기업을 끌어들여 중국 기업들과 합작하는 형태로 신규 공장을 설립하면서 반도체 제조업에 본격적으로 뛰어들려는 노력들이 가시화되는 단계였지요.

이전에도 중국 내에는 비교적 현대화된 합작 형태의 반도체 회사들이 있었습니다. 상하이 지역에 포진되어 있던 대만과의 합작 반도체 공장이나 텐진에 들어선 모토로라 반도체가 대표적인데 본질적으로 외국 기업들이었고, 이들은 중국에 좀처럼 최신 설비를 도입하려 하지 않았습니다. 중국으로 첨단기술이 유출되는 것을 우려했을 것입니다. 당시는 삼성전자에서 100나노미터 공정 기술을 적용한 반도체 칩들이 상용화되던 시절이었는데 순수 중국 법인 반도체 회사들은 아직 5마이크로미터 급(100나노미터의 50배 크기)의 저가 부품들을 생산하고 있었으니 중국 정부의 조바심은 익히 짐작할 수 있겠지요.

2004년 베이징 시의 지원 하에 중국에서는 처음으로 최신 설비를 갖춘 12인치 실리콘 웨이퍼용 반도체 제조 공장이 베이징 경제기술개발 특구에 들어섰습니다. 반도체 칩의 설계 및 제조 기술은 비록 독일과 일본의 업체들에서 들여오기는 했지만 대만의 엔지니어들을 대거 영입하여 형식적으로는 중국 기업의 모양새를 갖추었고 세계에서 가장 진보된 반도체 제조장비들을 도입하게 된 것입니다.

여기에 장비를 첫 판매한 네덜란드 본사에서는 SMIC 베이징 공장에 설치된 장비들을 현지에서 지원하기 위하여 지사를 열게 됩니다. 고객 사에 대한 간헐적 방문으로 이어지던 저와 중국과의 인연은 베이징 지사에 파견을 나가면서 전환을 맞습니다. 베이징에 새로 설립된 지사에 자리잡고 중국인 동료들과 본격적으로 생활을 하게 된 것이지요.

중국 각지에서 직업을 구하러 베이징에 몰려든 젊은 중국 공학도들에게 저는 첫 번째 멘토이자 팀장이었고 저에게는 그들이 첫 번째 중국인 팀원들이 되었습니다. 이들은 대부분 중국 내에 있는 대학교에서 공부를 하고 학위를 받은 사람들이었습니다. 베이징 대학을 비롯하여 중국에서는 가장 우수한 인력들로 팀을 구성했으니 기대가 컸고 부담도 컸지요. 과연 이들이 유럽계 회사의 한국인 팀장을 어떻게 받아들일 것이고 중국에 처음 도입하는 신기술을 이들이 얼마나 배우고 따라와 줄 것인지.

우리가 한 팀이 되고 그들이 네덜란드 회사에서 가장 우수한 집단 중에 하나라는 사실을 확인하는 데 오랜 시간이 필요하지 않았습니다.

　리소그래피 기술은 매우 전문적인 지식과 경험을 요구하기 때문에 엄격한 교육과정을 거쳐야 현장에 투입될 수 있습니다. 한 장의 실리콘 웨이퍼 위에 반도체 칩들이 제조되고 나면 그 얇은 디스크에서 나온 IC들은 수천 만원에서 수억 원의 가격으로 판매됩니다. 이렇게 생산되기까지 수백 단계의 공정을 거쳐야 하는데 이 과정에서 수백 종의 장비가 사용되고 한 달의 기간이 소요됩니다.

　수많은 제조 공정을 거쳤는데 행여나 마지막 단계에서 엔지니어의 실수나 장비의 오류로 제품이 손상되면 실리콘 웨이퍼 한 장당 최소 수천 만원에서 수억 원이 날아가게 됩니다. 사소한 실수가 막대한 금전적 손실을 유발하는 것이지요. 실제로 미국의 유명 반도체 업체에서는 공정 장비의 오류가 발견되기까지 며칠간 잘못된 상태로 생산이 지속되어 수억 달러어치의 실리콘 웨이퍼가 폐기된 사례가 있습니다. 대부분의 중국인 엔지니어들이 갓 입사한 초보였던 베이징에서 그러한 사태는 돌이킬 없는 사태를 초래할 수 있습니다.

　SMIC 공장이 가동된 지 몇 달이 안되어 장비의 핵심 센서부가 오류를 나타내는 징후가 나타나 야간에 교체 작업에 들어갔습니다. 정상대로라면 새벽에 작업이 끝나고 오전부터 생산에 들어갈 예정이었는데 새벽에 휴대폰이 울렸습니다. 센서 교체 후 반복 측정에 의한 검증 작업을 수행하는 도중에 안정성이 떨어지는 문제가 발견됐다는 소식이었습니다. 신입 인력들이다 보니 해당 센서부 교체는 처음 해보는 작업이었고 자석 접합부에 대한 고정 작업에서 실수가 있었던 것입니다.

즉시 작업을 중단시켰고 회의를 소집했습니다. 7시가 갓 넘은 이른 시각인데도 사무실에 도착하자마자 부르지도 않은 팀원들까지 출근하여 10여 명이 모여서 대책을 논의하고 있었습니다. 한국의 회사들처럼 회식을 하면서 친목을 다지는 경우도 없었고 남의 일에는 개입하지 않는 것이 일반적인 중국인의 성향이라고 믿고 있었는데 제가 허를 찔린 것입니다.

위기 상황이라는 집단 동기를 부여 받았을 때 조직원들의 자발성이 발휘되는 조직만큼 강력한 공동체가 있을까요? 새로운 작업 지시서를 받은 팀원 2명은 성공적으로 장비를 정상화시켰고, 그날 저녁 우리는 50도짜리 징주京酒와 옌징 맥주를 마시며 우애를 다질 수 있었습니다.

중국의 반도체 전략, 거대한 야심

중국의 정치 중심지인 베이징에 3년 동안 머물면서 회사 동료 이외의 중국인들과도 교류할 기회가 생겼습니다. 제 아내가 톈진

244

출신의 중국인이었기 때문에 아내의 학창 시절 친구들과 모임을 가지면서 자연스럽게 그들의 생활을 접할 수 있었죠.

생물학을 전공한 아내의 친구들은 대부분 자연대나 공대 출신이 많았기 때문에 중국의 산업체나 연구소 등에서 활동하고 있습니다. 중국이 우주항공 분야에 막대한 투자를 하고 있었고 평소에 이쪽 분야에 관심이 많았던 저는 기술적으로 후발 주자인 그들이 어떤 전략으로 그 방대한 기술들을 개발하고 사업을 추진하는지 궁금했지요.

무엇보다도 인력이 풍부했습니다. 중국의 연간 대입 정원은 4백만 명이 넘으며 이공계 분야에서만 연간 2백만 명 이상의 인력들이 배출된다고 합니다. 우리나라 못지 않게 교육에 대한 열의도 높아서 좋은 대학에 입학하기 위한 입시 경쟁도 치열하다고 하더군요. 산업에 대한 모든 계획은 중국 정부의 주도로 세워지는데, 산업의 중요도에 따라 분야별로 인력 수급 계획이 세워지고 관련 산업에 대한 예산이 편성되어 실질적인 성공을 목표로 사업이 진행된다고 합니다.

한 번은 베이징 근교의 레이더 개발 연구소에서 일하고 있는 친구를 만날 기회가 있었는데 레이더 개발을 위해서 투입된 박사급 인력만 3만 명이라고 해서 놀라지 않을 수 없었습니다. 2000년대 중반에 한창 개발 중이라고 했던 전자주사식 레이더와 조기경보기들이 최근 중국 군에 실전 배치되는 모습들을 보면서 중국의 과학 기술 정책이 단지 연구개발을 위한 일회성 사업이 아님을 확인할 수 있습니다.

주목할만한 점은 국가 사업이다 보니 중국 정부와 산학연이 하나의 조직처럼 맡은 임무를 책임지고 수행하는 사업 체계가 갖추어져 있다는 사실입니다. 이러한 사업 체계가 대형 국책 사업을 통해 초고속 성장을 주도한 우리나라의 과거 모델을 모방했다는 사실을 들으니 흥미로웠습니다. 현재 대부분의 사업이 민간 주도로 이루어지고 정부는 보조적인 역할을 하고 있는 우리나라의 상황을 보면 전략적인 성장을 추구하는 중국의 야심을 엿볼 수 있는 대목이 아닌가 싶습니다.

중국이 반도체 분야에서도 전략적으로 과감한 행보를 취하고 있다는 사실을 확인할 수 있는 일화가 있습니다. 2005년 겨울, 상하이에 있는 반도체 고객 사를 방문하고 돌아온 네덜란드 엔지니어 P씨가 흥미로운 이야기를 해주었습니다.

P씨: "믿을 수가 없어. 어떻게 그럴 수가 있지?"

나: "무슨 일 있었나? 무슨 일인데?"

P씨: "고객이 우리 장비에 문제가 생겨서 도움이 필요하다고 해서 다녀왔어. 그런데 장비를 완전히 분해해놨더군."

나: "…?"

P씨: 부품을 모두 뜯어서 해체시켜 놓고 나보고 다시 조립해
달라는거야."

제가 있던 네덜란드 업체의 리소그래피 장비는 당시 대당
100억 원을 호가하고 있었고 수만 종의 단위 부품을 조달하고 수
천 단계의 공정을 거쳐 수만 개의 개별 부품들을 조립하여 완성되
는 매우 복잡한 시스템입니다. 부품의 조립이나 해체는 내부 문서에
따라 사전에 정의된 순서와 방법에 따라 전문 엔지니어에 의해 이
루어집니다. 그렇기 때문에 분해가 필요한 수준의 고장이 발생할 때
에는 반드시 우리 쪽 엔지니어의 도움이 필요합니다.

그런 시스템을 모조리 분해해 놓은 것입니다. 그것도 반도체
칩을 생산하는 회사에서! 장난감도 아니고 100억 원이나 하는 장비
를 부수다니!

이러한 기이한 행태의 진짜 이유가 밝혀지기까지 별로 시간
이 걸리지 않았습니다. 소프트웨어를 담당한 한 팀원이 같은 고객
사를 다녀왔습니다. 쾌활하고 평소에 저에게 농담을 잘 건네던 주
Zhou라는 친구인데 신기한 것을 보고 왔다며 이야기를 해주는 것입
니다.

Zhou: "미스터 윤, 장비에 설치된 우리 소프트웨어가 작동 안 합니다. 이유를 모르겠네요."

나: "우리 소프트웨어는 장비에 설치된 컴퓨터마다 고유의 지문이 있고 거기에 맞는 암호 키가 설정되어 있어서 그게 안 맞으면 실행 단계에서 에러를 출력하고 실행을 중단합니다. 컴퓨터를 교체했나요?"

Zhou: "그렇군요! 그런데 저는 컴퓨터를 교체하지 않았습니다. 사실 고객 사에서 자기들이 만든 컴퓨터를 설치했어요."

나: "그건 가장 기본적인 문제인데… 왜 고객이 자신들의 컴퓨터를 사용하려 하죠?"

Zhou: "사실 컴퓨터만 그런 게 아니에요. 그들은 우리 장비에 있는 모든 부품들을 자기들이 제작해서 새로운 장비를 만들었습니다. 그것을 우리 소프트웨어로 작동시키려고 해요."

나: "?…!!"

실제로 많은 제조업체들은 경쟁사들의 제품을 분석하기 위해서 부품들을 분해하고 특성들을 분석합니다. 이를 통해 경쟁사 제품의 장단점을 분석하고 자사 제품 개발에 반영하지요.

대부분의 반도체 제조장비들을 수입해야 하는 중국으로서 우리 회사가 판매한 제품을 분석하는 것은 당연한 수순처럼 보였습니다. 하지만 100억 원을 호가하는 장비를 해체하고 거기에 들어가는 부품들을 각각 분석하고 설계하고 제작한다는 것은 보통 일이 아닙니다. 그런 과정을 거치기 위해서는 제품에 투입되는 재료 가격의 몇 배의 비용이 소모됩니다. 게다가 겉으로 보이지 않는 숨은 노하우들은 어떻게 해결할 것이며, 실패 가능성이 99%는 되어 보이는 그러한 무모한 프로젝트를 실행할 수 있는지. 도대체 그러한 돈이 어디서 나온 것일까요?

엄청난 낭비같이 보이는 이 무모한 프로젝트의 실체는 결국 한참 후에야 파악할 수 있었습니다.

중국에 진출한 한국의 반도체 회사

2006년 겨울, 정들었던 베이징을 떠나 상하이로 파견을 가게 되었습니다. 중국의 반도체 산업 투자는 계속되었고 저장성 우시에 한국의 하이닉스 현지 공장이 들어섰고 이에 대한 지원이 필요했기 때문입니다. 원래는 하이닉스가 보유한 오래된 8인치 실리콘 웨이퍼용 제조 공장을 한국에서 중국으로 이전하여 생산 원가를 절감하자는 차원에서 이루어진 일이었으나 2년이 못 되어서 8인치용 제조 설비는 중국의 반도체 회사에 매각됩니다.

중국 정부는 12인치 실리콘 웨이퍼를 위한 최신 설비 투자에 의욕적이었고, 신규 설비의 도입이 절실했던 하이닉스의 이해 관계가 잘 맞았기 때문에 베이징에 있는 SMIC에 이어서 2번째 12인치 실리콘 웨이퍼 생산 공장이 우시의 하이닉스에 의해서 설립됩니다.

여담이지만 하이닉스가 매각한 8인치 설비를 전량 도입한 중국 회사는 전자부품 중에서 개별 소자 부품들을 제조 판매하는 회사였는데 이를 계기로 20년을 도약한 생산설비를 갖추게 되었다고 합니다. 하이닉스가 우시에 이전하는 순간부터 중국 정부와 함께 하이닉스 설비를 매입하기 위해서 노력했고 설비 매각 계약이 이루어지기 전에 공장부터 지어놓고 인력을 유치하는 치밀함을 보여주었습니다.

상하이의 중국 동료들은 베이징의 동료들과 다른 나라에 온 듯 다른 성향의 직업 문화를 보여주었습니다. 중국은 50개가 넘는 언어와 민족들로 구성되어 있다고 하는데 그런 만큼 출신 지역마다 외모도 다르고 성격도 다릅니다. 하나의 언어와 비슷한 외모에 익숙해져 있는 우리나라 사람이 중국의 다양한 민족과 언어 때문에 존재하는 문화적 차이를 쉽게 이해하기 어려울 것입니다.

상하이에는 수많은 외국 기업들이 진출해 있고, 중국 금융 경제의 중심지인 만큼 국제 도시의 면모를 갖추고 있습니다. 외국인들도 많고 그 지역의 중국인들은 비즈니스에 능하다고 알려져 있지요. 베이징의 동료들이 중국 고전에 나오는 현자들과 무장들의 모습을 연상시켰다면 상하이의 동료들은 세련된 중국 상인들을 보는 느낌이었죠.

반도체 제조업체의 경쟁력은 수율에서 나온다고 합니다. 수율이란 단일 실리콘 웨이퍼에 쌓아 올린 수천 개의 칩들 중에서 얼마나 많은 칩들이 오류 없이 작동하는가를 나타내는 지표입니다. 같은 비용을 들여 얼마나 많은 제품을 만들어낼 수 있는가를 보여주는 값이기 때문에 특정 반도체 회사의 생산성을 가늠할 수 있습니다. 처음 반도체 공장이 건설되고 설비와 제조라인이 갖추어지기까지 1년 이상이 소요됩니다. 일단 공장이 완성되고 생산라인이 가동되더라도 수율은 낮은 수준에 머물러 있습니다. 생산을 지속하며 공정을 점차 개선하는 과정을 거치면서 안정적이고 최상 수준의 수율에 도달하는 단계를 밟게 됩니다.

중국에 파견 나온 한국 하이닉스 직원 분들의 최대 관심사는 아무리 한국과 동일한 생산설비를 갖추었다고 하더라도 중국에서 동일한 수준의 수율이 나올 수 있느냐였지요. 만일 그렇게 될 수 있다고 하더라도 상당한 시간이 소요될 것으로 예상했습니다.

제가 네덜란드 장비업체의 중국 지사에서 중국인 동료들과 일을 한 경험을 바탕으로 예상했을 때 중국이기 때문에 존재하는 한계는 아무 것도 없을 것이라고 기회가 있을 때마다 그분들에게 말씀 드렸습니다. 중국에 진출한 하이닉스는 빠른 시간 내에 정착했고 놀라운 성공을 거두었습니다. 한때 경쟁난에 빠져 생존의 갈림길에서 허덕였던 대한민국의 반도체 회사는 세계적인 한중 합작 반도체 기업으로 성장하고 있습니다.

중국을 뒤로 하고 새로운 길을 개척하다

전세계 반도체 제품의 75%는 아시아에서 생산됩니다. 한국, 대만, 일본, 중국에 포진되어 있는 반도체 공장들이 전 세계에서 소비되는 고성능의 반도체 칩을 대부분 생산하고 있습니다. 서구에서 시작된 산업혁명은 아시아에 이미 뿌리를 굳게 내렸고 새로운 산업혁명은 아시아에서 시작될 것이라는 예측까지 나오고 있는 실정입니다. 그렇기 때문에 네덜란드 공장에서 조립된 리소그래피 장비들의 절대 다수는 특수 개조된 보잉 747 화물 전세기를 통해서 아시아 국가들로 배달됩니다.

반도체 업체들이 생산하는 반도체 칩의 가격 경쟁력과 성능 차별화를 달성하는 요소 중에서 80% 이상이 장비에서 나온다고 합니다. 때문에 리소그래피 장비의 최대 수요자인 삼성전자, 하이닉스, TSMC 등의 기업들은 단순히 장비만 판매할 것이 아니라 머리도 빌려달라는 요구를 꾸준히 하였습니다. 네덜란드에만 있는 연구소와 공장을 아시아에 세워 더 개선된 공정을 개발하고, 장비의 성능을 개선하고, 고장이나 발생되는 문제점들에 대해 빠르고 정확한 대응을 해달라는 것이었지요.

이를 외면할 수 없었던 네덜란드 본사는 한국, 대만, 일본, 중국 등지에 있는 도시들의 후보지 물색을 거쳐 대만에 아시아 현지 연구소와 공장을 설립합니다. 이 과정에서 중국과 대만의 고객들은 네덜란드의 첨단 장비 공장을 중화권 국가에 유치하기 위해서 지사에 있는 중국인, 대만인들과 협력하여 조직적인 대응을 하는 모습을 보여주었습니다. 한국의 반도체 회사들이 가장 큰 고객일 뿐만 아니라 대한민국에는 뛰어난 산업 인프라가 구축되어 있었음에도 불구하고 제2공장을 한국에 유치하지 못한 것은 지금도 아쉬운 부분입니다.

2008년 겨울에 저는 대만에 새로 설립된 연구소로 옮기게 됩니다. 대만에서 3년을 더 머물렀으니 8년의 세월을 중국인들과 일하며 보낸 셈입니다.

젊은 세월의 대부분을 외국의 반도체 장비업체에서 일했고, 오랜 외국 생활에서 희미해져 가는 정체성을 찾고 싶다는 생각이 강해지면서 이 분야에서 새로운 길을 개척하고 싶다는 의지가 꿈틀거렸습니다.

대한민국은 반도체 세계 최대 생산국가이고 제조업 강국이면서도 산업 사이클의 핵심인 제조기반 산업이 절대적으로 부족합니다. 이러한 대한민국을 위해 뭔가 해야 하지 않나 하는 애국심이 저를 부추겼을까요? 아니면 단순한 회귀 본능이었을까요?

2011년 봄, 13년을 같이 했던 네덜란드 기업과 외국 생활을 청산하고 귀국합니다. '산업의 쌀'을 만드는 도구를 만들어보자는 야심 찬 계획을 세웠습니다. 귀국하자마자 경기도 분당에 있는 전자부품연구원의 한 편에 사무실을 마련합니다. 10년 내에 성취하고자 하는 목표들을 세우고 당장 할 일들을 계획하고 있을 때입니다.

생면부지의 중국인으로부터 메일이 날아왔습니다. 베이징에 있는 칭화대학교의 전자공학과 교수라는 사람이 보낸 메일에는 "미스터 윤이 리소그래피 장비 분야에 전문가이고 이쪽 산업에 대해 잘 아시니 만나서 협력방안을 논의하고 싶다"는 요지의 글이 써 있었습니다. 제가 오래 전부터 궁금해하던 중국 고객사의 무모한 프로젝트가 기억에 떠오르고 호기심이 발동했습니다. 오랜만에 베이징에 가서 친구들도 만나고 제가 좋아하는 사천식 생선 요리도 맛보자는 심산으로 흔쾌히 만나러 가겠노라는 답장을 보냈습니다.

칭화대학교의 허름한 교정 구석에 있는 낡은 건물에서 만난 교수들은 초롱초롱한 눈빛으로 제가 어떤 사람인지 다 알고 있다는 듯한 표정으로 비밀스런 이야기들을 꺼냈습니다.

"리소그래피 장비는 중국 과학 아카데미가 계획한 과학 공정 중 3대 핵심 과제로 분류되어 있을 만큼 중요한 것입니다. 중국 정부는 이 사업에 무제한의 예산을 투입하고 있고 반드시 성공해야 합니다."

중국이 반도체 산업 육성을 위해서 어떠한 전략을 세우고 있는지에 대해서 공식적인 발언을 처음으로 당사자를 통해 들은 것입니다. 본론은 단순 명확했습니다.

"2001년부터 10년 동안 1조 원이 넘는 예산을 투입했지만 아직도 풀어야 할 난제들이 많습니다. 예산을 조금 드릴 테니 중국에 와서 같이 일을 해보시지 않겠습니까?"

단도직입적인 제안에 당황스럽기는 했지만 고무적인 제안이었고 제가 계획한 목표를 향해 한걸음에 달려 갈 수 있다는 생각에 나름 희망이 부풀어 올랐습니다. 한국으로 돌아가서 생각해보고 답을 주겠다고 하고 나섰는데 채식주의자였던 교수님 한 분이 저녁 식사를 같이 하자며 근처 식당으로 안내했습니다.

순수하게 야채류로 만들었다는데 모양과 맛이 영락없이 고기와 생선들이더군요. 중국에만 5년 동안 있었고 유명하다는 음식은 한 번씩 섭렵했다고 생각했는데 역시나 중국 음식 문화의 깊이는 끝을 볼 수가 없었습니다.

맺음말

16년 간의 기억을 거슬러가며 제가 경험해온 중국인, 중국, 반도체 산업을 되새기며 이 글을 정리하고 있습니다.

기흥의 제 사무실에서 저는 중국이 지난 15년 동안 1조 원을 들여 쌓아온 기술을 넘어서기 위하여 연구원들과 고군분투하고 있습니다. 대부분의 산업에서 아직도 중국은 우리나라를 따라잡기 위해서 노력하고 있습니다만, 저는 산업의 쌀인 반도체를 제조하는 핵심 장비인 리소그래피 부문만큼은 중국에 뒤지지 않도록 노력하고 중국보다 앞서 나가야 한다는 숙제를 안고 있습니다.

과연 10년, 20년, 더 나아가 50년 후에 중국은 어떤 나라가 될 것이고 대한민국은 무엇이 되어 있을까요? 과연 산업적으로 우리나라는 중국과 대등한 실력을 유지하며 국가적인 동반자로 계속 남아 있을 수 있을까요?

중국의 엄청난 인구, 광활한 영토, 가늠하기 어려울 정도로 방대한 자원, 이런 것들을 일일이 살펴보지 않아도 중국의 미래를 예측할 수 있는 단초는 이미 제공되고 있습니다. 아마도 중국의 미래는 그들이 이루고 있는 13억 인구의 공동체를 바탕으로 내실을 다지고 세계를 주도하겠다는 중국 정부의 전략으로부터 예정된 것이 아닐까요?

대한민국의 미래도 결국 예측할 수 있는 세계 질서와 환경의
변화 속에서 우리 스스로가 다져야 할 전략에 달려 있는 것이 아닐
까요?

글쓴이

김영진 hanyeon2@hanmail.net

서울대학교 영어영문학과를 졸업하고, 고려대학교 경영대학원에서 경영학 석사를, 베이징 인민대학교에서 경영학 박사학위를 받았다. 삼성물산, 삼성구조조정본부, 중국 삼성본사 등 삼성그룹에서 30년 가까이 근무했고, 현재 신구대학교 비즈니스중국어과 교수 겸 글로벌센타장으로 재임 중이다. 저서와 역서로는 『리더의 조건』, 『무역실무』, 『골목경제학』, 『중국사 재발견』, 『과거와 서원』 등이 있다.

박경자 kjp20@hanmail.net

서울대학교 가정대학을 졸업한 후 동 대학 환경대학원 조경학과에서 석사와 박사학위를 취득하고 중국 칭화대학교 건축학원에서 방문학자로 3년간 공동연구를 수행했다. 중국에서 한국 조경 단행본과 중한 원림 비교 연구서 등 5권의 저서를 출판했고, 동북아 한·중·일 정원 연구, 명승 경승지 연구와 한국 전통 조경의 현대적 재해석에 관한 학술 연구를 지속하고 있다. 저서로는 『한국전통조경 구조물』, 『중국강남원림론』, 『조선시대 석가산 연구』, 『조선시대 정원』, 『중국의 정원』, 『일본의 정원』, 『한국의 정원』 등이 있으며, 현재 (사)전통경관보전연구원 원장 및 서울대학교 환경계획연구소 책임연구원으로 활동하고 있다.

박범홍 piaofh@hanmail.net

서울대학교 중어중문학과를 졸업한 후, 한국외환은행에서 장기간 중화권에서 근무를 하고 2000년대 초반 주중 외환은행 북경지점장으로 재직했다. 이후 중국 상하이 소재 'SunStar Machinery(Shanghai) Co., Ltd.' 대표, 중국 광동 포산 소재 'Foshan Sunstar Precision Co., Ltd.' 대표, 중국 베이징 소재 'STS(Beijing) Co., Ltd.' 대표 등을 역임했다. 현재 Chief Executive 지에 매월 차이나칼럼을 기고하고 있다.

서봉교 sbongk@hanmail.net

서울대학교 중어중문학과를 졸업하고 서울대학교 경제학부 석사 및 박사를 거쳐 중국 칭화대학교 경제경영학부에서 박사학위를 취득했다. LG경제연구원, 삼성금융연구소 등에서 일했고, 대외경제정책연구원 중국사무소와 중국전문가포럼에서 중국 경제 현안 브리핑 및 경제 동향 기사를 담당했다. 현재는 동덕여자대학교 중국학과에서 중국 경제 및 중국 금융 과목을 맡고 있다. 저서와 역서로는 『세계은행 부총재 린이푸 교수의 중국경제입문』, 『일대일로 다이제스트』, 『중국 금융시스템의 발전과 도전: 한국경제에 대한 정책적 함의』 등이 있다.

송승엽 s2yko@hanmail.net

서울대학교 중어중문학과를 졸업하고 타이완(당시 중화민국) 정치대학에서 법학(정치학) 석사학위를 취득한 후 문화대학 삼민주의연구소 박사과정을 이수했다. 1991년 중국과 미수교 상태에서 주베이징 KOTRA 대표부 근무를 시작으로 2006년 대한민국 주중 대사관 공사로 퇴직할 때까지 3차례 중국대사관에 파견되어 근 10년을 근무하는 등 공직 생활 30년을 중국 분야에서 활동했다. 저서로는 『중국 개혁개방 30년』, 『2049년 중국을 주시하라』, 『미래 중국 인사이트』 등이 있으며, 최근까지 광운대학교 국제학부 초빙교수로 5년여 간 후학 교육에 힘

쓰면서 중국 근·현대사, 현대 중국사회론 등 중국 관련 연구 활동을 지속하고 있다.

유주열 zuyoul@hanmail.net

서울대학교 중어중문학과를 졸업, 외교부 입부 후 정부 장학생으로 선발되어 미국 컬럼비아 대학교에서 2년간 '미국의 대중국 외교정책'을 연구하여 석사학위를 취득했다. 이후 공관장을 포함 중국 9년, 일본 6년을 근무하여 동북아(한중일) 전문 외교관으로 활동했다. 『한중일 문화삼국지』, 『한중일 인문삼국지』 그리고 『한중일 지혜삼국지』 등의 저서가 있다. 현재는 외교칼럼니스트로 중앙일보 전자신문 J플러스 및 동아일보 중국지창의 정기 기고와 강연 등을 하며 한중일 3국이 문화와 인문 교류 협력을 통해 아시아 연합(Asia Union)을 결성하는 활동을 펴고 있다.

윤규식 ksyoon55@gmail.com

서울대학교 조선공학과를 졸업 후 동 대학에서 석사학위를 받았다. 삼성중공업 조선해양사업부 상품기획팀과 네덜란드 반도체 리소그래피 장비기업 ASML에 재직하면서 연구개발 부문, 기술지원 부문에서 일했다. 이 기간 동안 한국, 네덜란드, 중국, 대만 등지에서 근무하였고, 현재는 주식회사 에피르 대표를 맡고 있다.

이규형 khlee74@hanmail.net

서울대학교 외교학과를 졸업하고, 1974년 외무고시 8회로 외교부에 입부한 이래

주 일본대사관 정무과장, 본부 유엔과장, 유엔대표부 공사 참사관, 본부 공보관 및 국제기구 정책관을 마치고, 주중 대사관 정무공사로 근무했다. 주 방글라데시 대사로 2년간 근무한 후, 외교부 대변인을 거쳐 제2차관을 역임하고 주 러시아, 주 중국 대사로 활동했다. 1991년 유엔 가입 성사에 기여한 공로로 홍조근정 훈장을, 2007년 헌신적인 근무와 외교 업무에 대한 기여로 황조근정 훈장을 수여받았다. 저서로 『때로는 마음 가득히』 등 3권의 시집이 있다. 현재 삼성경제연구소 상근 고문으로 일하면서, 한러대화(KRD) 조정위원장과 한중 1.5트랙 대화의 민간 대표로 활동하고 있다.

이동구 dongkoolee83@gmail.com

서울대 신문학과(현 언론정보학과)를 졸업 후 현대 그룹의 현대전자에 입사했다. 이후 칩팩코리아(현대전자에서 분사한 반도체 회사), 하이디스(하이닉스에서 분사한 회사), BOE(하이디스를 인수한 중국 회사), 코미코 등 유수의 디스플레이 업체에서 근무했다. 현재는 IT기업인 영웅무역을 창업하여 경영 중이며, 한국 장비 회사의 고문직도 병행하고 있다.

이종환 horomong@naver.com

서울대학교 사회학과를 졸업하고, 동아일보에 입사하여 기자, 차장을 거친 후 1985년부터 2002년까지 북경특파원으로 활동하였다. 이후 경상북도 투자유치 자문관, 청와대 대통령실 사회통합 정책자문위원을 역임하였으며, 현재는 750만 해외 한인을 대상으로 한 월드코리안신문의 발행인을 맡고 있다.

최춘흠 drchchoi@naver.com

서울대학교 중어중문학과 졸업 후 대만의 국립정치대학 동아연구소에서 법학 석사학위를, 미국 커네티커트 대학교에서 정치학 박사학위를 받았다. 통일연구원 국제관계연구실장, 민주평통 자문위원, 한국정치학회 부회장, 한국평화연구학회 회장, 상해외국어대학교 조선어학과 초빙강좌 교수, 통일연구원 선임연구위원 등을 역임했으며, 『알기 쉬운 남북관계 지식』, "중국의 대북한 정책: 지속과 변화", "중국의 부상과 대한반도 안보전략 변화: 한국의 과제" 등의 저서와 논문을 발표했다.

한동훈 hoon@catholic.ac.kr

서울대학교 졸업 후 중국 베이징대학교에서 경제학 박사학위를 받았다. 현재 가톨릭대학교 국제학부 교수로 재직하고 있으며, 『2012 차이나 리포트』, 『중국의 기업과 경제』 외 다수의 저서와 논문을 발표했다.